デジタル社会と時間

伊藤 美登里

学文社

・目　次・

序章　社会における時間 ——————————————————— 5
　1　社会における時間の変容　5
　2　社会学における時間研究と本書の問題関心　8
　3　本書の構成　13

1章　古典的近代の時間 ——————————————————— 15
　1　古典的近代以前の時間　15
　　1-1　質としての時間　15/1-2　円環としての時間と
　　目的論的線分としての時間　19
　2　量としての時間　22
　　2-1　数量化された時間と定時法の登場　22/2-2　時
　　間による労働の評価と時間厳守の規律　24/2-3　労働
　　時間と自由時間の分離　27/2-4　世界標準時の成立と
　　時間の空間からの分離　28/2-5　時間による労働の分
　　解と再編　32/2-6　時間規律の生活全般への浸透　33
　3　直線としての時間　35
　　3-1　開かれた未来　35/3-2　社会の進歩——マンハ
　　イムのユートピア論を事例として　36/3-3　個人の進
　　歩　37/3-4　ライフコースの時間化　40
　4　小　括　43

2章　労働の変化と時間 ——————————————————— 46
　1　情報技術と人工知能が働き方におよぼす影響　46
　2　正規雇用の減少と長期雇用の困難　49
　3　テレワークの普及とその影響　53
　4　自営的な働き方の広がりとクラウドソーシング　56

5　キャリアの短期化　59

　6　労働における時間の変化　62

　7　小　　括　65

3章　個人の時間 ———————————————— 66

　1　ライフコースの脱時間化と脱標準化　66

　2　脱時間化された状況的アイデンティティ　71

　3　時間操作ゲームのプレイヤーとしての自己　76

　4　規範の内面化から誘導へ　78

　5　データベース・モデルに基づく生の技法と世界像　81

　6　個人の進歩の変容——独自性の理想と変化した階層構造　84

　7　小　　括　90

4章　社会の時間 ———————————————— 92

　1　未来像の変容　92

　　1-1　古典的近代における未来　92/1-2　ユートピア
　　構想の困難化　93/1-3　非知の領域拡大と見通し可能
　　な未来の短期化　95/1-4　社会学理論における非線形的
　　未来　100/1-5　併存する複数の未来像　104/1-6　制
　　度としての未来　107

　2　過去像の変容　109

　　2-1　一元的な過去　109/2-2　過去の複線化　112

　3　時間軸上への時系列的位置づけから地平上への並置へ　115

　4　小　　括　122

5章　仮想空間と人工知能の時間 ——————————— 124

　1　「直線としての時間」の変容　124

　　1-1　加工可能な時間　124/1-2　圧縮可能な時間　126/

1-3 直線的な時間軸上からの出来事の切り離し 128/
1-4 ナッジや人工知能による誘導 131/1-5 短期主
義化の登場 138

2 「量としての時間」の変容 140

2-1 仮想空間の拡大と人工知能の普及 140/2-2 非
同期化と「交渉し取り決める時間」 143

3 絶対的尺度という機能の弱体化 146

4 デジタル・トランスフォメーションの影響 149

5 小 括 151

終章 時間の機能のゆくえ―――――152

1 これまでの知見のまとめ 152

2 時間の機能のゆくえ 157

2-1 尺度提供機能 157/2-2 見当識提供機能 158/
2-3 現実批判機能 163

3 結論―特権的地位の喪失と潜在化する機能 164

文献一覧―――――169

あとがき 187

索 引 189

序章	社会における時間

1 社会における時間の変容

　未来はより良くなる。男性は，安定した職場でまじめに働き続ければ，経済的な安定は老後まで保障される。女性は，安定した会社に勤めるまじめな男性と結婚すれば老後まで生活が保障される。このような考えを，日本では経済の高度成長期から昭和の終わり頃までは，かなりの割合の者がもっていたであろう。現在はどうか。まじめに働いても報われるとは限らない。自分の将来や社会全体がこの先より良くなるかどうかわからない。このように感じる者が増えたように思われる。

　実際，いくつかのデータがそれを示している。まず，今後の生活の見通しが良くなると考える者は減少している。内閣府実施の「国民生活に関する世論調査」において，1968 年から2022 年の間に，「今後の生活の見通し」が，「良くなっていく」と答えた者の割合は，33.7％から 7.7％へ減少した。これに対して，「悪くなっていく」と答えた者の割合は，乱高下が見られるものの全体としては，9.9％から 27.9％に増加し，「同じようなもの」の割合は 43.0％から 62.0％に増加した（内閣府 2019b, 2023b）。

次いで，努力が報われないと思う者の割合は，多数派を形成してはいないが，増加しつつある。「日本人の国民性調査」によると，自分の目標に向かって努力することについて「まじめに努力していれば，いつかは必ず報われると思う」か，それとも「いくら努力しても，まったく報われないことが多いと思う」か，という質問に「報われない」と答えた者の割合は，1988年の17%から2013年の26%に増加した（統計数理研究所 2016）。

　さらに，生活目標の時間的な見通しについて，未来よりも現在に重点を置く者の割合が増加している。NHK放送文化研究所の調査によれば，1973年には「現在中心」（「その日その日を，自由に楽しく過ごす」と「身近な人たちと，なごやかな毎日を送る」の合計）を選択した者の割合が52%，「未来中心」（「しっかりと計画をたてて，豊かな生活を築く」と「みんなと力を合わせて，世の中をよくする」の合計）を選んだ者の割合が46%と，両者の割合はほぼ拮抗していた。しかし，その後，「現在中心」は増加し2018年には72%に，「未来中心」は減少し2018年には28%になった。「現在中心」増加の要因として，将来の見通しの立ちにくさがあげられている。同研究所が実施する中高生の父母対象の調査では，「日本の将来は明るい」と思わない者の割合が，1982年の7割台から2000年代以降の9割前後に増加した。ここから，明るい将来への見通しが立ちにくいなか，人々の間に遠くの未来よりも「現在」を大切にする気持ちが高まった可能性が指摘されている（村田 2020：202-7）。

　これらのデータは，未来についてのイメージの変容，換言するなら未来像の変容を示している。しかし，変化は未来のみならず，社会における時間全般にかかわるように思われる。そこ

で，本書はそのような時間の変容を考察の対象としたい。

　社会における時間は，自然科学の営みによって発見された「時間」と必ずしも同じであるわけではない。本書では，社会学者ハルトムート・ローザと同様，社会における時間は自然科学の知見とは直接的な関連はないという立場をとる。ローザによれば，自然科学においては20世紀以降，数学的な絶対時間という直線的で抽象的なニュートン的概念の相対化および修正と，特にアルベルト・アインシュタインの一般相対性理論，量子理論，イリヤ・プリゴジンの散逸構造論，そして数多くの生物学的な固有の時間の発見といった認識の重要性が指摘されている。しかし，自然科学における時間の相対化は，私たちの社会制度や，私たちの時間的な方向づけおよび時間地平がもつ時間構造の崩壊へといたるわけではない。換言するなら，この相対化は，日常の時間，人生の時間，歴史的時間における，時間構造や時間パースペクティブにかかわるわけではない（Rosa 2005＝2022: 39-40）。というのは，それぞれの社会はそれぞれに固有の時間構造と時間の観念を有するからである。

　社会における時間は，それが諸制度に反映されている——1章に登場する時間化されたライフコース体制はその一例である——点ではある種の現実的な構築物をなし，かつ人々に分かちもたれている点では共有された観念や意識でもある。そういった時間は，さらに，社会学がその考察の対象とし社会を把握し分析する道具の一つをなす点では概念でもある。

2 社会学における時間研究と本書の問題関心

　時間は，社会学において一つの重要なテーマをなす。

　社会学者エミール・デュルケムによれば，時間というカテゴリーは，私たちの判断の根本に存する基本概念であり，あらゆる知性生活を支配している。それは，思想を囲む堅い箱のようなもの，これがあってはじめて思想が可能となるようなものである。このような時間は，「私」の時間ではなく，「同一文明」のあらゆる人々から客観的に指向される時間である (Durkheim 1912 = 1941 : 29-31)。

　時間のカテゴリーは，社会学者のピーター・L・バーガーとトーマス・ルックマンの用語を用いるなら，それなしには社会が存立しえない，意味の網の目を織りなしている「知識」の一つである。この「知識」は，人がその日常生活で現実として「知っている」もの，その社会の成員にとって目には見えないが自明の事実となっているものである。よって，時間性は意識の本質的な属性をなす。日常生活の時間構造は，ただ単に，個々の日の議事日程に前もってあたえられた順序を強いるだけでなく，その人物の人生の歴史全体に対してもその順序を強要する。この時間的構造が設定した座標の枠内で，人は日々の議事日程と自らの人生の歴史全体を理解する (Berger and Luckmann 1966 = 1977 : 44-7)。

　つまり，時間カテゴリーは，社会の存立や人間の生の営みに不可欠なものであり，人が物事を認識し，思考する際の枠組みを提供する一方，それを前提として社会生活を営むよう人に強

いるものでもある。

例えば，2024年の時点で日本における民法上の成人年齢は18歳である。成年に達すると，携帯電話を契約する，一人暮らしの部屋を借りるというような，さまざまな契約が保護者の同意なしに一人でできるようになる。また，親権に服さなくなるため，自分の住む場所，進学や就職などの進路なども自分の意思で決定できるようになる。これに対して，未成年の場合はこういった事柄について親の同意が必要である。この成人年齢は，民法の改正により2022年4月1日に20歳から18歳に引き下げられた。それと同時に，結婚可能な最低年齢は男女ともに18歳となった（政府広報オンライン 2022）。この例から，成人をいつからとするのかは社会的に決められ社会的に変更可能な事項であり，それが私たちの行為を──例えば16歳では結婚できないといった具合に──規定していることがわかる。

別の例をあげるなら，Aさんが，ある日，明日は大学の授業が9時からあるから7時に起きて8時10分の電車に乗ろうと予定を立て，翌日それに沿って行為し，通学途中に地震が発生し，「7歳で小学校にいたときに，東日本大震災が起こった。2011年のことだった」と想起したとしよう。この例では，大学の時間割，鉄道の時刻表，西暦，義務教育期間といった，社会的な決まりごととしての時間が，Aさんの思考や行為に対して一定の枠組みを提供し，それがAさんの思考や行為を可能にする一方，その枠組みをAさんに強要してもいる。

時間構造は，また，ローザが指摘するように，諸個人の社会的ハビトゥスを規定しながら人格構造のなかに深く根をはっている（Rosa 2005＝2022:8）。例えば，3章で見るように，自律的個

人は自己を発展的な時間的存在として理解し行為する。さらに，時間は社会制度にも根をはっている。例えば，現代の日本で公的な社会制度を形成・維持するにあたって前提とされるのは，「過去―現在―未来」を基本カテゴリーとする不可逆の直線的時間であり，終末に審判が下される時間ではない。制度としての時間については4章でふれる。

　つまり，社会学およびその周辺領域の学問がテーマとする時間には，時間観念，時間意識，時間概念などと呼ばれる，ある社会において人々が，「時間とは〇〇（例えば，直線，円，貨幣，川の流れ）のようなものである」ととらえている時間や，当該社会の諸制度が前提としている時間，社会的な決まりごととして当該社会の成員に行為の規準を提供している時間，個々人の人格構造に根をはる時間などがある。

　時間がこのようなものであるがゆえに，時間を考察することはその社会の基本的な構造を考察することになる。ローザはこう述べる。時間パターンと時間パースペクティブは，ある時代の文化的，構造的編成の全体を社会科学的に分析するための特権的な入り口を開く。社会および文化のあり方の全体を，システム的な必然性と文化的な方向づけという点から探求しようとするならば，この時間構造の特性，論理，展開に導かれながら研究を行う必要がある。というのも，時間構造のなかでは，凸レンズを通して見るように，社会文化的なあり方の全体の基底にあるさまざまな原理と傾向が，たがいに連関し合いながら己を明るみに出してくるからである。そして近代化のプロセスが進展しているところであればどこであれ，それに対応した時間概念の変容を必然的にともなう（Rosa 2005＝2022:16-7, 38）。

本書では，20世紀終盤以降における時間の変容を主なテーマとする。そのため，近代という時代をさらに下位区分し，その名称とおおよその時期をここで確認しておきたい。1990年代以降顕著になったものの，部分的には1970年代から生じていた近代社会の構造変化は，社会学ではそれ以前の近代との対比において，ポストモダン，リキッドモダン，第二の近代，再帰的近代，高度近代，後期近代などと呼ばれる。本書では，ローザや社会学者アンドレアス・レクヴィッツに倣い，そのような時期を「後期近代」と呼び，それ以前の近代を「古典的近代」と呼ぶ (Rosa 2005＝2022 : 24 ; Reckwitz 2019＝2023 : 20)。

　それとの関連で付言するなら，本書が地理的に想定しているのは，古典的近代から後期近代へと移行していると考えられる地域，すなわちいわゆる先進国と呼ばれる国々である。

　先進国における古典的近代は，産業革命から1960年代頃までであり，その時代の社会は産業社会，または工業社会と呼ばれる。また，研究者のなかには古典的近代を，必要におうじて近代初期と産業近代の二つに分ける者もいる (Rosa 2005＝2022 : iv)。これに対して，後期近代は1970年代からはじまり1990年代以降その姿が明らかになった時期を指すが，開始時期や移行期間には国による幅がある。日本では，古典的近代は明治維新頃にはじまり，経済の高度成長期にその典型的特徴がもっともあらわれ，1970年代から徐々に後期近代へ移行していったものの，本格的な移行は1990年代以降であると筆者は見ている。

　以下，先行研究を参照する場合には，それらに「近代」，「第一の近代」などと表記されていても，古典的近代に相当すると判断されるものは「古典的近代」に，「ポストモダン」「第二の

近代」「再帰的近代」などと表記されていても，後期近代に相当すると判断されるものは「後期近代」に表記を変更する。それに対して，「近代」の表記は，古典的近代と後期近代とを包含する時期を指す。

　後期近代の時間を論じた社会学およびその周辺領域の研究は，以下の章の引用・参照からも分かるように数多く存在する。いくつかあげるなら，ローザは，近代の基本原理ないし基本メカニズムとして時間構造の変容を論考の対象にする（Rosa 2005＝2022:iv）。科学技術の発展とネットワーク社会の登場との関連で時間の変容を論じる者もいる（例えば，Castells [1996] 2000；Lash 2002＝2006；Lash and Urry 1994＝2018；Virilio 1996＝1998；若林 2010）。未来像に焦点を当てた論考もある（例えば，若林 2014, 2022；Cristian 2022＝2022；Urry 2016＝2019）。

　対する本書は，それらの研究を踏まえ，後期近代への社会構造の転換のなかで，とりわけ，モバイルなコンピューターや人工知能といった科学技術が普及しつつある状況，つまりデジタル社会化に着目し，社会や個人にとっての時間がいかなるものに変容しつつあるか，そのような変容にともない，古典的近代において時間が有してきた諸機能のうち，いかなる機能がいかに変容し，それによっていかなる機能が失われつつあり，いかなる機能的等価物が登場しつつあるか，といったことを論じてゆきたい。

　もっとも，筆者は以下の二つの理由から技術決定論の立場はとらない。

　一つには，後期近代における時間の変容は，科学技術の進展のみならず，人やモノの移動のグローバル化，産業構造の変化，

人口構造の変化，家族の変化などの諸要因が絡み合って生じていると見るからである。

　もう一つには，技術が社会の変化を一方的に規定するわけではないからである。社会学者の吉見俊哉が指摘するように，新しく誕生した技術はそのままの形で社会に普及していくわけではなく，その時々の社会状況に規定されつつ，しばしば発明家たちが考えもしなかった姿に変化していく。例えば，ラジオ無線は，技術的には受信と送信の両方が可能であったが，結果的に，送信＝放送局，受信＝大衆という一方向的なメディアに転換していった（吉見 2004:144, 173-4）。

　また，技術は社会的な受容の準備が整っていないと普及しない。例えば，ロボット工学者の石黒浩によれば，彼が1999年に発表した，人とかかわる遠隔操作型ロボットは，このようなものがあればさまざまな場所でテレワークが可能なことを示したものであった。このタイプのロボットのブームが2010年頃に突如世界中で起こったが，この時にはテレワークは普及せず，それが普及したのは2020年のコロナ禍においてであった。しかも，遠隔操作型ロボットの需要ではなく，ZOOMなどのウエッブ会議サービスの需要が増大し，これを併用したテレワークが世界的に定着した（石黒 2023:56-8）。

　社会学者のアンソニー・エリオットが指摘するように，技術の発展は社会の諸関係と織り交ぜられている（Elliott 2022:377）。

3　本書の構成

　本書は次のような構成をとる。

1章では，古典的近代の時間について概観する。2章以降で見る後期近代の時間の特徴を明らかにするには，対比の素材として古典的近代の時間の特徴を確認しておくことが必要だと考えるからである。2章以下では，後期近代において古典的近代の時間のいかなる面がいかに変化しつつあるのかを論じる。すなわち，2章では労働における時間，3章では個人の人生という時間，続く4章では社会の歴史という時間の変容を見てゆく。5章ではオンライン世界の広がりや人工知能の発達が時間にいかなるインパクトをあたえているのかを概観する。以上の議論を踏まえ，終章で，全体的に見て社会における時間はいかなるものととらえられつつあるのか，古典的近代において時間が有していた諸機能は後期近代においていかに変容しつつあるのかを考察する。

　なお，1章は，拙著『現代人と時間』(伊藤 2008) の一部を大幅に加筆修正したもの，また，2章と4章の内容の一部，および5章の内容は，拙稿「情報社会における時間意識の変容に関する予備的考察」(伊藤 2021) を加筆修正したものである。

古典的近代の時間

　社会学者の真木悠介は,古典的近代の社会に支配的な時間の特徴として「量としての時間」と「不可逆的な直線としての時間」をあげた。前者は抽象化され,数量としてとらえられる時間,後者は無限にのびる不可逆的な直線としてとらえられる時間である(真木 1981:150-3, 182-3)。本章では,いかなる諸要因の絡まり合いがこのような時間を誕生させ,それらの普及が社会や人々の生の形をいかに変えたかを示す。

1　古典的近代以前の時間

　古典的近代の時間の特徴を浮き彫りにするために,ここでは,それ以前の時代の時間のとらえ方について述べる。主にヨーロッパの事例が登場するが,その理由は古典的近代における時間のとらえ方がヨーロッパで誕生し,後にそれ以外の地域にも広まったことにある。

1-1　質としての時間
　「量としての時間」が登場する以前,時間は質をともなうものとしてとらえられていた。それはどのような時間だったのか。以下で見ていこう。

歴史学者アーロン・J・グルイェヴィッチによれば，キリス
ト教が普及する以前，古ゲルマン人や古ケルト人にとって時間
は経験のなかにあるものであり，直接に体験されたものであっ
て，つねに具体的な生活の諸相と結びついていた。

　例えば，古アイルランドの öld は「時間」あるいは「時代」
という意味の単語であったが，それは客観的な尺度によっては
かられる時系列的な時間ではなく，内容と道徳的性格を有した
それであった。例えば，道徳的荒廃の時代は，「戦斧の時代
(sceggiöld)」「剣の時代 (scálmöld)」「嵐の時代 (vindöld)」「狼の時
代 (vargöld)」といった語で表現された。öld という言葉は，「人
間世界」や「人間」をも意味していた。

　また，古スカンジナビアの世界では，時間とは人間世界の外
側を経過するものではなく，人間の具体的な状態に規定される
ものであった。そこでは，王によって実行された生贄の儀式が
あってはじめて新年がはじまりえた。時間の交替は，人間の行
為によってなされたのである (Gurjewitsch 1978:99-101)。

　このように，時間は道徳的性質や人間の行為といった内容を
ともなうものであった。

　15 世紀以前の大半のヨーロッパや 1873 年までの日本で採用
されていた不定時法も，質をともなうものである。

　現在，私たちは定時法のもとで暮らしている。定時法は，正
午にはじまり次の正午に終わる 1 日の時間を 24 等分したもの
を 1 単位時間とする。定時法のもとでは，季節や場所のいかん
にかかわらず，昼も夜も 1 時間の長さは同じである。これに対
して，不定時法の時間は，季節や場所に規定される。不定時法
では，日の出から日没までを昼の時間，日没から日の出までを

夜の時間とし，昼と夜の時間それぞれを，ヨーロッパでは12分割して1時間，日本では6分割して一刻としており，よって，昼間の1時間や一刻と，夜の1時間や一刻とは，春分の日と秋分の日以外は季節や緯度によって異なっていたからである（角山 1984:15-9；鈴木 1999:87）。

不定時法の時間は，太陽の動きを基準とした自然のリズムによって定められるという意味で具体的なものであり，場所によって時刻が——東京の日の出や日没は明石のそれとは——異なるという意味でローカルなものである。

歴史学者のアルフレッド・W・クロスビーによれば，中世ヨーロッパでは時代の区分法も質的であった。

時間はステージで区別され，区分方法は何通りかあったが，二分する場合は，原初からキリスト受肉までの時期と受肉以後の時期に区別された。それぞれの時代は質的に異なると見なされていたが，この認識は時として，それぞれの時代は量的にも異なるという認識をもたらした。例えば，聖アウグスティヌスはノアの洪水以前の時代には，人間の寿命は数百年におよび，また当時の人間の体格は彼の同時代人よりはるかに優っていたと述べた。

このようなことを当時の多くの人々が信じていたのは，彼らが時系列的な因果関係という概念を有していなかったからであった。すなわち，彼らはある要因が別の要因を導いて重大な変化を引き起こすというように，もろもろの要因の間に直線的な連鎖関係があるという認識の仕方をしていなかった。ある時代からある時代への移行は，例えば，洪水や受肉のように急激に，そして人間から見れば唐突に訪れた（Crosby 1997＝2003:46-8）。

時間は，また，数量で正確に表現されるものというよりは「静的な近似」であった。

　例えば，中世ヨーロッパの人間は，人間にあたえられた時間はそれほど多くないと感じていた。現在から最後の審判の日までの時間の方が，原初から現在までの時間よりはるかに短いと考えられていたからである。

　また，時間について深く考えないのが普通で，通常，日付はごく漠然と表記されていた。12世紀に活躍した哲学者ピエール・アベラールは，自伝に日付をほとんど記さず，「数か月後に」とか「ある日」といった記述ですませた。生前も死後も名声の高かった聖トマス・アクィナスの生年ですら，1224年，1225年，1226年，1227年とさまざまに記録されている。

　さらに，個人の生涯より長い時間は，等間隔の目盛りを記した直線として思い描かれてはおらず，あらゆるドラマのなかで最も偉大なドラマ，すなわち救済と断罪のドラマが演じられるステージとして思い描かれていた。

　よって，私たちが中世とルネサンス期の出来事を時系列的に考察しようとすると，壁に突き当たる。当時の時間がタコのようにとらえどころのない姿を呈しているので，近似的にしかあつかえないからである。この「静的な近似」は，時間に限らず中世ヨーロッパにおける支配的なものの見方であったが，後に数量的なとらえ方に取って代わられ，後者は次第に他の地域にも普及した（Crosby 1997＝2003:44-6）。

　以上，質としての時間について見てきた。そこでは，時間は人間や自然から独立した客観的な尺度でも，正確な尺度でもなかった。また，そこには時系列的に因果関係を特定する思考方

法も存在しなかった。

　このような時間が，ヨーロッパ社会が古典的近代に入るにつれ，次第に具体的な生活の諸相から相対的に独立した，客観的で正確な尺度として存在するようになってゆく。これについては2節で見ていく。

1-2　円環としての時間と目的論的線分としての時間

　真木が古典的近代の時間の特徴としてあげたもう一つの特徴は，時間が無限にのびる不可逆的な直線としてとらえられることであった（真木 1981:150-3）。ここでは，このような時間が誕生するまでを見てゆこう。

　キリスト教が普及する以前の古ゲルマンの世界において，時間は円環的反復としてとらえられていた。

　グルィェヴィッチによると，ゲルマン人においては，tíd（英語の tide「潮」），tími（英語の time「時間」）という言葉は，正確さの観念とは結びついておらず，むしろ季節といった長い時の経過を示す言葉であり，数時間といった時間幅を意味することはまれであった。ár（英語の year「年」）という言葉は，「年」と「収穫」という二つの基本的な意味をもっていた。ár は，近代の時間のような単なる持続ではなく，つねに具体的な特定の内容で満たされていた。また，tíd には海の干満と天候，ár には「収穫」の意味もあったように，これらの概念は時の経過を意味するというよりは，むしろ規則性をもった円環的反復を意味していた（Gurjewitsch 1978:99）。

　さらに，聖と俗の時間的関係についても，古代社会において世俗の時間はつねに聖なる時間に対して「開かれて」おり，聖

なる時間は宗教的祝祭や儀礼によって世俗に呼びこむことのできる，周期的に繰り返されるものであった（Eliade 1968＝1974: 87-9）。

　このような時間は，キリスト教がヨーロッパに普及するにつれて変容を被る。

　キリスト教の時間の新しさは，次の点にあった。まず，（世俗の）時間は永遠という概念からいったん切り離される。永遠は神の属性とされ，対する地上の時間は神によって創りだされ，始まりと終わりがあるものとされる。そして，終末の瞬間に世俗の時間は聖なる永遠に入りこむと考えられた。第二に，世俗の時間はキリスト誕生の前後で分けられる。キリストの誕生と死という，秘蹟となる出来事が歴史の中心に位置し，それが歴史の経過を規定し，歴史に新しい意味をあたえ，歴史のその後の経過をあらかじめ決定するとされる。この新しい時間は，人類の「始まり」と「中心」と「終末」という三つの要素のうえに成り立っていた。ここにおいて，時間は不可逆なベクトル状の直線という性質をもつにいたった。

　キリスト教の普及とともに，時間は非常にゆっくりとではあるが直線的なものとして理解されるようになった。11, 12世紀には，少なくとも都市の公的生活においては，キリスト教の時間が支配的になっていった（Gurjewitsch 1978:115）。

　死生観も変化していった。古ゲルマン人にとって，死は消滅ではなく単なる「移行」にすぎなかった。死者は彼岸で生き続け，現世と同じ生活をすると考えられていた。しかし，キリスト教の普及につれてこのような死生観は変容を遂げる。13世紀頃のキリスト教においては，人間の魂は最後の審判において

天国にゆくか地獄にゆくかが個々に判定されると信じられるようになった。したがって，中世の人間には，個人の人生の終わりと世界の終わりという二種類の終わりがあるとされた。そうして，世俗の時間という観念のなかで，人は次第に自分の死を個別的なものとしてとらえざるをえなくなり，各人の人生はこの世における個別の死により「終わり」となる，1回限りの有限なものだという考え方が広まっていった（Ariès 1975＝1983:33-49;阿部 1987:120-7）。

このように，世界の歴史および個々人の人生という時間は，直線的に把握されるようになった。キリスト教の時間は，しかし，過去，現在，未来を貫く原理は神による救済であるとされた点において目的論的な時間であり，脱目的論的に抽象化された近代の時間を「量的」と表現するならば，それは「質的」時間である。また，未来が無限に開かれたものではなく終末において終わるという意味で，キリスト教の時間は始まりと終わりによって区切られた「線分」としての時間であった（真木 1981:150-1）。

さて，このキリスト教の時間が古典的近代の時間に変化するには，その線分から目的論的な性格が取り去られる必要があった。それは，「終末論の世俗化」と呼ばれる事態と関連をもっていた。

中世のキリスト教徒においては，キリストの再臨により現世が終わり，永遠，すなわち神の国がはじまるとされた。現世はつかの間のはかないものであり，それよりは永遠の方がはるかに重要だと考えられていた。したがって，キリスト教にとっての歴史は「待機」の歴史，キリストの再臨による終末を待ち続

ける歴史である。

しかし，歴史が経過すれどもキリストはなかなか再臨しない。
再臨の到来が長引けば長引くほど，終末に対する期待が現実味
を失ってゆき，人々は現世の出来事とかかわらざるをえなくなっ
ていった。その現世の出来事は，前進するものとして理解でき
るようなものであった。そして，ついに未来についての新しい
観念が誕生した。それは，無限の，新しい物事に対して開かれ
た未来，まだ実現されていない可能性をもつ未来であった
（Koselleck 1989：20-37, 315）。

このような未来観は，17，18世紀頃に誕生したとされる
（Luhmann 1990：119-23）。この時間において現世を超える要素は
取り去られ，現世のみで成り立つものとなった（末木 2020：217）。

2　量としての時間

ここでは，「量としての時間」について見ていく。この時間
が登場し普及するには，さまざまな発明や制度が必要であった
が，いったん「量としての時間」が広まると，今度はその時間
の上にさまざまな社会制度や社会通念が作られていった。

2-1　数量化された時間と定時法の登場

13世紀末，ヨーロッパにはじめて機械時計が出現し，それ
が時間の数量的把握を可能にした。

機械時計が発明される以前，時間は切れ目なく流れるものと
見なされていた。そのため，実験家や鍛冶屋は時間が流れる姿
を模倣することによって時間を計測しようと努めたが徒労に終

わった。時間をいかにして計測するかという問題の解決が可能になるのは，時間を滑らかに流れる連続体として見なすのをやめ，ある長さをもった瞬間の連続体と見なしはじめたときであった。

354年に生まれ430年に没したとされる聖アウグスティヌスは，長い音節を短い音節の二倍の量をもつものと仮定したうえで，こう疑問を呈した。二つの音節が続いて発音されるとき，前の音節が短く，後の音節が長いならば，どのようにして私は短い音節を保持できるだろうか，と。この問題に，哲学的にではなく，技術的に解答をあたえたのが脱進機であった。初期の機械時計の原理は，紐につるしたおもりが落下してゆく力を一定の時間間隔で規則的に落下するよう機械で調整したものである。その落下速度を調整する装置が，脱進機（と調速樹）であった。そのおかげで，前述の短い音節はチックとタックの間に独立した時間を刻めるようになった (Crosby 1997＝2003:109-10; 角山 1984:6-7)。このようにして数量化された時間が誕生した。

機械時計の普及は，不定時法から定時法への転換をもたらした。

当初，修道院や教会内部のみに設置されていた機械時計は，間もなく都市市民の前に公共用機械時計として姿をあらわす。ヨーロッパで最初の公共用機械時計が出現するのはイタリアのパドアで，14世紀中頃のことであった。教会の塔や市庁舎の塔，市民が集まる市場などの公共広場の塔に設けられた公共用機械時計は，等間隔で，1時間ごとに，昼も夜も鐘で時を告げた。この時の鐘によって都市の市民たちは，都市の城門の開閉から仕事の始めと終わり，食事の時間まで秩序ある生活を営むようになった。公共用機械時計の出現は，自然のリズムにしたがった農村の時間から，人工の時間にしたがった都市の時間への転

換をもたらした。

それにともない，ヨーロッパでは不定時法から定時法への転換が生じた。というのは，機械時計は，季節や場所，昼と夜とでそれぞれ1時間の長さが異なる不定時法には合わせにくいが，1時間の長さが季節や場所のいかんにかかわらず一定である定時法には適しているからである。中世ヨーロッパにおいて定時法は，14世紀初頭にまずイタリアの都市で，15世紀にはヨーロッパ各地で急速に採用されるようになった（角山 1984:6-19）。

2-2　時間による労働の評価と時間厳守の規律

この定時法システムの成立・普及と，時間が神のものではなく人間が支配するものだという観念への転換（Le Goff 1960＝1979）とによって，人々の労働に根本的な変化が生じた。

自然の時間によって支配された農業社会において労働は，主として日の出から日没まで営まれる，自然の営みにしたがったものであった。仕事は，その労働の結果生みだされる作品の出来栄え，すなわち成果によって評価された。この社会においても工業は存在したが，それは家族労働を基礎とする家内工業であり，そこでは労働時間は比較的柔軟であった。これに対して，古典的近代の産業社会における工場制度は，多数の労働者を特定の場所，特定の時間に集め，機械を用いて商品を大量に生産する生産システムである。そこでは，仕事は機械時計の示す人工的な時間に縛られた賃労働に変化していった（角山 1984:19-20）。

現代式の労働時間が出現したのは，14世紀前半のことであった。例えば，1335年にフランスのフィリップ6世はアミアン

市長と市議会に対して，同市の労働者が朝の何時に出勤し，いつ昼食をとり，昼食後何時に職場に戻り，何時に仕事を終えるかを定め，その時刻を鐘で知らせ労働者を統制する権利を授けた (Crosby 1997 = 2003:117)。

作品中心の労働から時間労働への転換は，雇用労働がもっとも早く進んでいたイギリスでは 16 世紀中頃から開始されたと考えられている。例えば，1524 年の「コヴェントリの賃金規定」では「80 ポンドの毛織物一反織る賃金 5 シリング」といった作品中心の出来高払い賃金が掲げられていたのに対し，1563 年の「徒弟法」では「すべての職人および労働者は……朝は時計の示す 5 時または 5 時前に仕事につき，夜は時計の示す 7 時と 8 時の間まで仕事を続けるべし」と，1 日の労働時間が法律で明文化されている (角山 1984:20-1)。

時間労働への転換にしたがい，時間厳守が労働者に課されるようになった。

工場の作業では，労働者は始業時間前にそれぞれきちんと部署についておらねばならず，遅刻は許されない。遅刻者に対しては，罰金が課されることもあった。例えば，18 世紀中頃のウェッジウッドの製陶工場では，遅刻者に対して 2 シリングの罰金を定めていた。作業開始以降も，各自勝手に休憩や食事を取るような気ままな行動は許されなかった。1563 年制定の「徒弟法」には，朝食や正餐あるいは飲酒の時間は 1 日最大 2 時間半までとし，労働時間の規定に違反した者は怠惰 1 時間につき 1 ペンスを賃金から差し引かれるべしとの規定もあった。当時，実労働約 12 時間半の労働者の日給は 6 から 7 ペンスであったため，怠惰 1 時間につき 2 時間分の賃金が差し引かれる計算に

なる（角山 1984：21-3）。

　定時法システムの普及や機械時計の発達にともない，時間の約束を守るという社会経済倫理も確立してゆく。

　人に会うために面会の時間を決めることを，アポイントメントをとるという。約束の時間に遅れることは，人からその時間を盗み取ることであり，それは相手に対して失礼で，社会的に許されないという社会経済倫理が，タイム・アポイントメント（時間の約束）の習慣の背後にある。こうした習慣が，経済史家の角山栄の考察によれば，イギリスにおいて 17 世紀中頃には多忙なビジネスの世界では一般化しつつあったようだ。16 世紀末から 17 世紀初めには 15 分刻みで時を告げる時計が登場していた。一般の庶民は，18 世紀はもとより 19 世紀初頭でもまだ時計をもつことはできなかったが，時計をもつ，もたないにかかわらず，18 世紀にはイギリスで時間を尊重し他者の時間を侵さないことが社会経済倫理として確立した（角山 1984：30-2）。

　このようにして，出社の時間であれ，面会の時間であれ，時間の約束を取り交わしそれを守ることが古典的近代の社会で生きていくうえで重要な徳目となっていった。

　では，日本の労働の領域で，このような時間厳守が浸透したのはいつ頃か。

　歴史学者の鈴木淳によれば，幕末の 1866 年，フランス人技師が横浜製鉄所の規則案として掛値のない時間厳守を要求したが，それを現実に運用することはかなわなかった。その主因の一つに，日本で定時法が採用されたのは明治初期の 1872 年で，不定時法下で暮らす当時の日本人には，定時法で示す時間に対して正確な認識をもち，出勤時刻を守ることは困難であったこ

とがあげられる。その後，定時法が制定され，定時法で時刻を刻む時計（塔）もある程度普及し，出勤時刻を労働者に厳守させるためのさまざまな試みがなされ，その結果，ようやく1880年代後半頃に工場の起業時刻厳守が可能になった。産業革命が開始した時期だ。日本の産業革命は，欧米と同様，時間規律が浸透するなかで進展していった（鈴木 1999:103-8）。

2-3 労働時間と自由時間の分離

産業化が進展し，公私の分離が生じ，労働時間が法的に制定されるようになるにつれて，労働時間と自由時間とが分離していった。

農村社会や家内工業において，仕事と生活の境界は曖昧で，社交と労働とは混ざり合い，労働とあいさつ代わりの短い会話を交わすこととの間に対立の感覚はさして存在しなかった（Thompson 1967:60）。

例えば，工業化以前のイギリスでは，労働と明確に区別される余暇・娯楽は存在しなかった。農村では娯楽は暦のなかにあった。教会暦は農事暦と巧みに組み合わされ，全体として農村社会の生活暦を形成していた。労働の後に遊びが，遊びの後に労働があるというよりは，労働と遊びがたがいに準備し合うような時間の流れが，個人や家族が集団というものから切り離されることのない生活のうえにあった。このような農村の「暦のなかの娯楽」は，多くが19世紀の半ばには消滅していた（川島 1987:20-1, 32）。また，18世紀以前のイギリスの職人たちは，時間に縛られずに気の向くままに仕事をし，伝統的な休日を楽しむといった生活を，換言すれば，仕事と休みの区別がつかない

ような生活を送っていた (角山 1984:174)。

　一体であった生産と消費を分離させたのは，産業革命であった。生産の場としての職場と消費の場としての家庭とが空間的・時間的に分離されるようになり，仕事から解放された自由時間というものが誕生した。産業革命初期にはイギリスの工場労働者の1日の労働時間は15，16時間が標準であったため，彼らの自由時間はわずかであったが，その後労働時間が短縮していった。1847年の「10時間法」制定以後，第一次世界大戦頃までは1日10時間，週54時間労働で，1850年頃から休日が合理化され制度化された。よって，この頃には労働者も，実際に自由時間を享受できるようになっていたと考えられる (角山 1984:170-2)。

2-4　世界標準時の成立と時間の空間からの分離

　産業化が進展し，交通・運輸の速度が上昇し，全国的な統一市場圏が形成されると，時刻を国内で統一する必要性が高まり，その結果，標準時が設定された。時刻の統一的表示に決定的な役割を果たしたのはラジオの時報であったが，それは20世紀になってからのことで，それ以前には鉄道が重要な位置を占めた (福井 1986:34;角山 1984:201)。

　機械時計がある程度普及した後も標準時が制定されるまで，人々はローカルな時間のもとで生活していた。

　例えば，18世紀のイギリスにおいて時計はある程度普及していたが，人々の携行するウオッチも，家のなかの置時計も，その指し示す時刻はみなまちまちであった。時計自体は技術の進歩で正確な時間を刻むようになっていたが，標準時の制度が

ない以上，基準がないのも同然であった。各地方ではその地において太陽の南中する正午を基準にしていたといわれており，機械時計の時代でありながら，肝心のところで日時計を使わねばならない状態で，全国いたるところローカル・タイム圏でおおわれていた。そのローカル・タイムも，東西100キロメートルの間隔で数分の時差が存在した。静態的な地方の時代ならそれでも別段不便はなかった（角山 1984:200）。

このローカル・タイム制度は，産業革命の進展とともにさまざまな不便を引き起こすことになる。

その一例として鉄道の運行時刻を見ていこう。1841年7月30日のイギリスのグレート・ウェスタン鉄道（ロンドン—ブリストル間）の時刻表には，各地のローカル・タイムで運行時刻が記され，しかも「ロンドン時間はレディング時間より約4分進んでおり，サイレンスターより7分30秒，ブリッジウオーターより14分早くなっている」と注記がなされていた。そういった注記なしには時刻表ができなかったのが現状であったが，これでは当時の人々でさえ頭が混乱したに違いないと角山は指摘する。また，ダイヤの混乱からしばしば列車事故が起こった。このように，鉄道網が拡大するにつれ，イギリス全土に適用される標準時をもたない不便さが次第に明らかになっていった（角山 1984:201）。

イギリスにおける時間の全国的統一は，政府中心ではなく一民間企業によって試みられた。

1848年，ロンドン・ノースウェスタン鉄道は，ロンドンから北ウェールズのホーリーヘッド間に開通した機会をとらえ，グリニッジ・タイムによる標準時化を強行した。各鉄道会社が

それぞれの駅に備えた時計がグリニッジ・タイムを示すように
なると，地方はいつまでもローカル・タイムに固執することが
かえって不便となり，地方の生活も便宜上鉄道の時間にしたが
うようになっていった。その結果，1880 年，グリニッジ天文
台の標準時をもってイギリス全土の標準時とすることが法律で
定められた。この動きはグローバル規模で拡大してゆく。1884
年には，グリニッジを通過する子午線をゼロとし，グリニッジ・
タイムを標準時として採用するとともに，世界を 1 時間の時差
を持つ 24 の時間帯に分けることがアメリカ合衆国の提案で決
定された（角山 1984:201-3）。

　日本では，明治初期の 1872 年に鉄道が開通し，その時には
江戸城の号砲（ドン）が実質的に鉄道標準時として用いられた。
最初の標準時が定められたのは 1879 年で，東京地方平均太陽
時を標準時としていたが，これはさほど普及しなかった。日本
で標準時が普及したのは，1884 年に国際子午線会議に参加し，
1888 年以降，兵庫県明石市の平均太陽時を全国標準時とする
ことが決定されて以降のことであった。国際子午線会議という
外的要因により，全国標準時の設定がうながされたことになる
（中村 2001:20-7）。

　このように，鉄道は時間の統一をうながした。それと同時に，
鉄道は正確さへの配慮，すなわち時間規律を人々の心身に刻印
していった。分刻みで提示される時間を正確に守ることは，運
転手のみならず，利用者みなに等しく要請されるからである（福
井 1986:38）。

　時間厳守は，時間規律の人々の心身への刻印のみならず，正
確な時を刻む時計を人々が所持することによっていっそう容易

になるであろう。

　正確な時刻を刻む時計が可能になるための技術水準は，19世紀に入る頃までにはほぼ満たされていたが，私用の時計が上層のみならず社会全般にゆき渡るには比較的廉価な時計が生産されなくてはならなかった。19世紀中頃までに時計の価格はかなり低下したものの，決定的な契機はアメリカ合衆国における1881年の1ドル・ウオッチの出現であった。これにより，ウオッチは一般庶民でも手に入るものになった。20世紀初頭にはイギリスで5シリングのクラウン・ウオッチが販売されるようになった。フランスでも，19世紀末から20世紀初頭にかけて一般庶民の家庭にまでかなり時計が普及した。このように，鉄道網の拡大と正確な計時の要請，および時計の一般庶民への普及とは，ほぼ並行現象として出現した（福井 1986:33-4;角山 1984:220-2）。

　同時期に，欧米ほどではないにせよ，日本でも時計はある程度普及した。産業技術史を専門とする内田星美の推計によれば，1897年の時点でクロック保有率（置時計・掛時計，世帯単位）は31.5％，ウオッチ保有率（懐中時計・腕時計，個人単位）は4.2％であったが，明治末期の1907年には，それぞれ72.3％，10.0％に上昇した（内田 2001:284-5）。

　鉄道網の普及によって制定がうながされた世界標準時は，定時法とあいまって，時間の空間からの分離を引き起こした。

　近代以前の社会において，日々の生活の基盤をなす時間の測定は，つねに時間を場所に結びつける形で行われていた。「今何時か」ということは，ほとんどつねに「何処」と結びつけられて考えられていた。不定時法下では，時間は自然界の周期的

出来事によって特定されていた。近代社会において時間は，人間の行動からも，自然のリズムである太陽の動きからも切り離されている。1時間は，季節や昼夜を問わず，誰にとっても同じ長さである。時間は，相対的に，場所からも切り離されている。世界標準時により，日本の時計は全国で同じ時刻を指し，地球上のあらゆる時計が指す時刻を日本の時計が指す時刻に読みかえることができる。こういった事態を，社会学者アンソニー・ギデンズは「時間の空間からの分離」と名づけた (Giddens 1990 = 1993:30-2)。

2-5　時間による労働の分解と再編

　働く場において，「量としての時間」は，労働を売買する尺度として機能しただけではなかった。20世紀に入る頃には，時間はストップ・ウオッチによって人間の労働を計測し秒単位で分解する尺度として機能するにいたる。人間の労働をバラバラの単位時間に分解するという発想に基づき，労働の過程を新たに編制し直したのが科学的管理法であった。

　科学的管理法とは，技師フレデリック・W・テイラーによってアメリカ合衆国で提唱された，工業生産の能率向上とコスト削減のための工場管理技法のこと，また，これによる生産と経営の合理化運動のことである。

　それまでの工場では，職人の経験や勘やコツに頼った形で仕事がなされており，そのなかにはテイラーから見れば無駄に見える動作や作業もあった。彼は，機械工を無駄なく能率よく働かせるために，職人労働を一掃し作業のもっとも効率的な方法を一義的に定めようと試み，どんな複雑な労働もいくつかの単

純労働の組み合わせのうえに成り立っていることを「発見」した。とすれば，職人労働は単純労働化ができるはずだ。彼は，機械工の仕事を作業内容ごとに細かく分解し，それぞれに要する時間をストップ・ウオッチで測定し，それらのデータに基づいてもっとも効率的な作業の方法と標準作業時間とを定めた。標準作業時間は，一流の工具が全力で仕事をしているときの時間をもとに設定された。そこには，職人が勘を働かせて微妙に修正したり変更したりする余地はもはやまったくなかった。

科学的管理法は，1890年代から1900年代にかけて全米各地の工場で採用され，20世紀に大きな影響力をおよぼす経営管理法として成長していった（橋本 2002:124-41;内山 1993:143-51）。ドイツの社会学者マックス・ウェーバーも20世紀初頭の訪米の際に科学的管理法とそれがもつ意義に重大な関心を抱き，科学的管理法は経営の機械化と規律化の最終的帰結の実現であると評している（Weber 1956＝1962:522）。日本でも，大正から昭和初期にかけて多くの官民企業で科学的管理法の導入が試みられた（橋本 2001）。

このように，労働を単位時間に分離することにより，労働者に対する時間支配は労働のリズムにまでおよぶようになった。

2-6 時間規律の生活全般への浸透

これまで主に労働の場や鉄道における「量としての時間」を見てきた。しかし，「量としての時間」が支配的になったのはそれらの場だけではなかった。時間規律の訓練は，工場のみならず，軍隊や監獄や学校（Foucault 1975＝1977），そして家庭においてもなされた。決められた時間までに特定の場所に赴く，作

業中怠惰は許されず決められた活動に専念する，秒単位で己の身体を特定のリズムにしたがわせる，こういった時間規律の遵守が古典的近代においては，そもそも社会生活を営むにあたり必須になったからである。ここでは学校と家庭について見ていこう。

近代社会における学校は，社会にでていくための準備機関である。したがって，社会生活において要請される時間規律を身につけさせることも重要な教育目標となる。哲学者ミシェル・フーコーによれば，19世紀初頭にはフランスの相互教育の小学校向けに，次のような非常に精密な時間割が提唱されるようになった。「8時40分，教師の入構，8時52分，教師による集合合図，8時56分，児童の入構および祈り，9時，着席，9時4分，石板での第一回の書取，9時8分，書取の終了，9時12分，第二回の書取」(Foucault 1975 = 1977 : 154-5)。日本でも，明治初期から初等教育において時間規律の教育がなされた (西本 2001)。

規律時間は，家庭にも浸透していった。その際，女性自らが規律時間の家庭への導入を主導している。例えば，アメリカ合衆国ではビーチャー姉妹が19世紀中庸に学校や職場で採用されている時間割を，クリスティーヌ・フレデリックが1910年代に科学的管理法を，日本では雑誌『婦人之友』創刊者の羽仁もと子が20世紀前半に時間割や科学的管理法を導入し家事の合理化を図るべきだと，書籍や雑誌を通じて訴え，実践していった。彼女たちはみなプロテスタントで，女性も進歩してゆく必要があるとの思想のもと，家事合理化を進めている (伊藤 2001, 2008 ; Beecher and Beecher 2002 ; Frederick 1913 ; Willians-Rutherford 2003 ; 羽仁 [1927a] 1966a, [1927b] 1966b, [1927c] 1969)。この点は，

ウェーバーの「プロテスタンティズムの倫理と資本主義の精神」
(Weber 1920＝1988) を彷彿させ興味深い。

このように，「量としての時間」は生活の隅々にまで浸透し
ていった。

3 直線としての時間

「直線としての時間」は，古典的近代における支配的な時間
のもう一つの特徴である。この時間のとらえ方をもとに，古典
的近代において社会や個人の未来にかんする，それまでとは異
なる考え方や制度が登場し普及していった。以下で見ていこう。

3-1 開かれた未来

社会学者のニクラス・ルーマンによれば，古典的近代におい
て，現在とのかかわりにおける未来は，過去との連続性が断た
れた，いくつかの可能性を有する倉庫のようなものとなり，そ
れらの可能性のなかから，現在という時点において人は一つを
選択することができるとされる。つまり，現在の決定が未来を
左右するとされる。中世キリスト教のような終末により永遠へ
といたる，その意味で神によってすでに決定された未来ではな
く，現在における人間の決定や行為に左右される未来というも
のは，先のまだ分からない，その意味で未決定の未来である。
このような未来のことを，彼は「開かれた未来」と呼ぶ (Luh-
mann 1990)。

この「開かれた未来」は，社会の未来のみならず，一人の人
間のそれについても適用された。

近代社会においては，神の御業により何かが起こるのをひたすら受動的に待つのではなく，人間こそが社会や自己の歴史を形成する能力をもつと考えられるようになった。このような考えが支配的になると，そこには，社会の未来や個人の人生にかんして「計画」「構想」「変革」「改革」「革命」といった発想が登場する余地ができる。「進歩」「革命」「発展」といったドイツ語が，現在のような意味内容を獲得し普及していったのが1800年頃のこと (Koselleck 1989:320)，すなわち，隣国のフランスで市民革命が勃発してからおよそ10年が経過した頃のことである。

3-2　社会の進歩──マンハイムのユートピア論を事例として

人間によって社会の未来を作り出すことができるという考え方の一例として，古典的近代におけるユートピアについて論じた社会学者カール・マンハイムのユートピア論を見ていこう。

彼によれば，歴史の流れのうちにおいて，人間はしばしばまわりの「存在」と一致していない，存在を超越した要素にのっとり，体験や思考や行動の方向づけをしてきた。このような存在を超越した意識のうち，特にそれが行動に移されると，そのつどの現存の存在秩序が，部分的にもしくは全体的に破壊されるようなものを，彼は「ユートピア的意識」と名づけた。つまり，彼のいうユートピアは存在を超越し，現実変革機能を有する。このユートピアは方法論的な意味での構成であり，理念型としてとらえられうる人為的に構成された概念である (Mannheim [1929] 2015 = 1971:309, 313, 322, 327)。

彼の意図は，古典的近代の社会的・精神的存在の根本的な構

造の分析にあった。それゆえ，彼は古典的近代の社会を発展させてきた諸力たる，現実を超越したところから現実を批判し変革してきた概念に注目し，それをユートピアと名づけた。

彼曰く，「さまざまの社会層は……そのときどきでさまざまの異なった形をとるユートピアと結びつくことがなければ，いくら勢力を増していっても，歴史を変革する働きをもつまでにはゆかなかった。そして，これこそ近代史の発展をつらぬく構造形式なのである」(Mannheim [1929] 2015＝1971：323)。

人間が，出来事を運命として甘受するのではなく，存在を超越した意識に導かれながら，現世の世界形成に多かれ少なかれ意識的に参加するようになったときに，現実変革機能をもつ近代ユートピアは誕生した。このユートピアは，そのもっとも典型的な型においては，直線的に進歩する未来に位置していた(Mannheim [1929] 2015＝1971：328, 340, 354)。

彼のユートピア論に見られるように，古典的近代において，人間は主体的に社会を形成し変革してゆくことが可能であり，かつ，そうすべきだという考え方が，直線的な時間と開かれた未来というとらえ方を土台にして成立していた。

3-3　個人の進歩

古典的近代においては，社会のみならず個人も進歩すると考えられるようになった。

それまで「絵図」「模倣」「模写」といった意味で用いられていた Bildung というドイツ語が，目標を設定し自身をより進歩させていくという「自己陶冶」ないし「自己形成」の意味でも用いられるようになるのが 18 世紀中頃からである (Vierhaus

1972:509-16)。ドイツ語の Bildungsroman は主人公の人間形成の過程を描く小説の意で，その代表例が作家ヨーハン・ヴォルフガング・フォン・ゲーテの『ヴィルヘルム・マイスターの修行時代』(1795 年から 96 年) である。ここには人格の進歩という考え方が示されている (藤井 2003:112-6)。

　人生にかんするとらえ方の変容は，自伝のスタイルの変化にも見て取ることができる。

　歴史家リチャード・ファン・デュルメンによれば，ヨーロッパの自伝は，16 世紀末頃から 18 世紀にかけて次第にそのスタイルやテーマが変化していった。それまでは，天によってあらかじめ定められた役割を悟ることや神の道を歩むことが自伝の主要テーマであった。それに対して，文人ジャン・ジャック・ルソーの自伝 (1782 年) やゲーテの自伝 (第 1 巻から第 3 巻は 1811 年から 14 年，第 4 巻は 1833 年) では，宗教的色彩から解き放たれ，自己が責任をもって生きること，世界との格闘において各人固有の道を発見することが主要なテーマとされた (Dülmen 1997:97)。

　世界との格闘が自伝の主要テーマになるということは，個人がもはや集団と個人の運命とを同一視せず，自己と自己を取り巻く世界とを切り離して認識していることを意味する。

　社会学者マルティン・コーリは，自伝の年代記作者的コンセプトから発展史的コンセプトへの変化を指摘する。前者においては人生の構造が外界の歴史的出来事や季節ごとの出来事の順序からえられるのに対し，後者においては人生の組織化が自己を中心に，自己によってなされる (Kohli 1985:12)。

　人生の構造が外界の出来事からえられるという事態を，哲学

者の内山節が「横軸の時間」（本書の円環としての時間に相当）と呼ぶ，村人の時間の認識の仕方を例に説明しよう。内山によれば，横軸の時間に生きる村人は，毎年同じ季節に昨年と同じ仕事をする。自然と結びついた山里の暮らしは，毎年回帰してくる季節とともに展開する村人の営みの生活のなかに存在している。春には春の，夏には夏の，秋には秋の，冬には冬の労働が永遠に戻ってくる。その労働と結ばれて回帰する季節の暮らしがある（内山 1993：21, 25）。ここでは，人生の構造は季節ごとの出来事の順序から獲得される。

これに対して，発展史的コンセプトにおいて人生の構造は「自身をその行為の中心として」（Beck 1986：217＝1998：267）とらえられる。

デュルメンとコーリの指摘をまとめるなら，近代以前は人生の構造を個人の外側の何か（神，歴史的出来事，季節ごとの出来事）からえるのに対し，古典的近代においては自己中心的に人生がとらえられ描かれるようになったということができる。これは，人は自分で自分の人生を切り開いてゆくという考え方であり，古典的近代の自律的「個人」である。

デュルメンによれば，「近代的個人」とは，社会がそれを許容する限りにおいて自己省察と自己決定により自身の道を歩むことを願う者のことを指す。この個人がいつ登場したのかを明確に特定するのは困難だが，少なくとも一ついえるのは，17, 18世紀の啓蒙主義が「近代的個人」の発見と展開にとってもっとも強力な推進力となったということである。これは全ヨーロッパ的現象であったが，その普及には地域や階層や性による時間差が見られた（Dülmen 1997：10-4）。

3-4 ライフコースの時間化

　以上のような新しい時間のとらえ方が登場し，そしてそのような考え方に沿うような社会制度が整えられるにつれ，コーリがライフコースの「時間化」「時系列化」と呼ぶ事態が登場することとなった。

　コーリは，西欧社会が近代化するにつれ，人生にかかわるさまざまな制度が，年齢に沿った形で，すなわち時系列的に形成されるようになり，しかも大半の者がそれにしたがって実際の人生を送るようになるという意味で標準化されたことを，ドイツやアメリカ合衆国の諸資料を用いて示した。以下で見ていこう。

　まず，死の高齢への集中があげられる。

　近代以前の社会では，死はいつ何時でも起こりかねない出来事であった。乳幼児死亡率は高く，戦争や疫病，飢餓などにより，突然人生に終止符が打たれることもしばしば生じた。しかし時の経過とともに乳幼児死亡率は低下し，さらに死は青年期や中年期からもほとんど消滅し，高齢に集中するようになった。

　第二に，働くということにかんして年齢に沿った人生の型が形成された。

　産業化以前の社会では，身のまわりのことが自分でできるようになる年齢には，親の農作業を手伝う，丁稚奉公に出る，子守をするなど，働きはじめる者も多かった。学校教育を経ずに職業につくことが可能であったのだ。

　ところが，19 世紀の後半以降，先進国において公教育制度が整備されはじめた。義務教育が制度化され，特定の年齢での就学が義務化され，年齢別に学級編制がなされ，学校教育を経

由して職業につくシステムが整備されるようになると，次第に学校で学ぶ期間が，職業につくための準備期間として年齢に沿った形で形成されていった。

労働からの引退は，産業化以前の社会においては特定の年齢と結びつくことが相対的に少なかった。後継者に家業を引き渡し隠居生活に入るにしても，その時期はある特定の年齢に縛られることがより少なく，他方で経済的な理由により体力の許すまで働く者も多かった。

しかし，雇用労働が普及し年金システムが整備されると，職業からの引退はある特定の年齢において生じるものとなっていった。ドイツでは，年金制度は 1889 年に労働者を対象として制定され，これにホワイトカラーが 1911 年に参入し，1972 年には自営業の任意加入へといたった。これにともない，年金支給年齢の境界が職業システムからの引退の年齢境界になっていった。

職業システムからの引退を一つの主要な指標として「高齢期」が形成され，そしてそれはある特定の年齢とより結びついて生じることとなった。同様の傾向は，アメリカ合衆国でも観察された。

さらに，家族に関連するさまざまな出来事も特定の年齢に集中して生じるようになった。

産業化以前の西欧社会においては，親から独立し結婚して子どもをもうける年齢は人によって大きく異なり，生涯独身者も 1 割以上存在した。配偶者の死による再婚も多く，年齢の離れた夫婦も多く見られた。もうける子ども数も多様で，末子の成年を待たずに親が死亡することもまれではなかった。

しかし，19 世紀後半から 20 世紀前半にかけて，次第に，何

年かの幅はあるものの，ほとんどの者がある一定の年齢で親から独立し結婚して子どもをもうけるといった出来事を経験するようになる。「適齢期」の誕生である。子ども数に関しては，結婚して間もなく——妻が30歳になる頃までに——2，3人もうけることが標準となり，そうでない夫婦が減少した。配偶者が青年期や中年期に死亡することもまれになり，子どもの独立後に夫の職業からの引退という出来事が生じるようになった（Kohli 1985）。

このようにして，「大抵の者は○歳くらいには○○をしている」という人生の時間が作られた。すなわち，男性の場合，職業へと入っていく準備期として学校に通い，その後職業につく（活動期），それと前後する時期に親世帯から独立し，就職して数年後に結婚して家族を形成し，年金支給年齢を境として職業から引退する（引退期）という具合に，人生が年齢という時間軸に沿って時系列化され，標準化していった。女性は，公的領域と私的領域の分離が生じ主婦化の傾向にあったため，標準化され時系列化されたライフコースは，学卒後職業につき，結婚ないし出産を機に家庭に入り，人によっては子育て後に短時間勤務の仕事をし，離別も死別もなく高齢期まで夫とともに過ごすというものになった。それらは，偶然の出来事の多い人生から予測可能な人生への人生の雛形の変化でもあった（Kohli 1985; Beck-Gernsheim 1983）。

この予測可能で相対的に安定的な人生の雛型を前提として，己の人生を発展的に設計する者が次第に増えていった。特に戦後の経済成長期には，長期雇用に基づき，組織のなかでの昇進が目指された。近代社会は，歴史上はじめて個人による自己決

定と自己実現の理念を人生の目標としてわがものにし，少なくともその自己理解によれば，この目標を達成するための社会的，政治的，経済的前提を作り出し保証した。ライフコースの時間化は，その重要な前提の一つであった。この相対的に安定した時間軸上で己の人生を設計しつつ，人は主として職業における自己実現の歴史を歩むようになった。連続的なライフコースの保証は，その意味で，個人の自律の基礎でもあった。もっとも，欧米ですべての者が一斉にそうなったわけではなく，まず中間層男性に広まった (Kohli 1985, 1994：225；Beck 1986＝1998；Scott and Gratton 2020＝2021：228-9)。

　日本においても，ライフコースは制度化され時間化された。ライフコースが時間化するにあたって必要条件となる諸制度 (学校教育を経由しての企業への就職，定年制，年金制度など) は大正期にかなり整備されたが，それに沿って人生を歩んだ者はまだごく一部に限定されていた。ライフコースの時間化が大衆規模で生じるのは，経済の高度成長期においてであった。ただし，日本の場合，中間層男性において西洋的な自律的個人が層を形成するほどの増加を見せたかというと，それは疑わしいというのが何人もの研究者の一致した見解である (伊藤 2008：68-83；Kinmonth 1981＝1995；濱口編 1979；竹内 1995)。

4　小　　括

　本章では，古典的近代における時間の特徴を概観した。

　一つには，時間は人間や自然から独立した客観的で正確な尺度となった。この尺度を用いて労働は特定の場所と時間で行う

もの，費やした時間の量で評価されるものになり，労働時間と
自由時間とが分離し，時間厳守が社会経済倫理となり，労働者
の労働リズムが分解・再編された。この時間は，労働のみなら
ず，教育や家庭といった領域にまで浸透していった。

　もう一つには，時間は無限にのびる直線としてイメージされ
た。未来は未決定で開かれており，人間の行為によって社会や
個人の未来はより良くすることが可能だと考えられるようになっ
た。また，時間化されたライフコース体制が形成され，それが
発展的な人生を人が歩む際の枠組みとして機能した。

　もっとも，このような特徴をもつ時間一色に古典的近代が塗
りつぶされていたわけではない。私たちの生は，多層的な時間
のなかで営まれている。

　例えば，古代の時間は，中世ヨーロッパにおいてキリスト教
の時間により取って代わられたのではなく，背後に押しやられ，
民衆の意識の深層部で存在し続けた。古代の時間意識を有する
古ゲルマン人にとって昼と夜はまったく異なる意味をもち，夜
は悪魔の支配する時間であった。中世キリスト教会は夜につい
てのこのような観念を人々から払拭しようと試みたが，中世を
通じて夜は悪と罪のシンボルであり続けた（Gurjewitsch 1978:
108-11）。

　同様のことが古典的近代においてもあてはまる。古バビロニ
アに起源をもつ占星術の時間は，質をともなう。占星術は，西
洋では 17 世紀に科学から脱落していったが，近代に入ってか
らも西洋でも日本でもサブカルチャーのなかで人気を保ってき
た（中山 2019）。占星術の時間は，近代の人々の意識の深層部に
存在し続けている。

しかし，古典的近代の少なくとも公的世界においては，直線的で量的な時間が社会における基本的尺度として受け入れられ，生活が営まれてきた。その意味において，この時間こそが古典的近代において支配的な時間であるといえる。

2章 労働の変化と時間

　本章では，労働の変化に焦点をあて，そこから時間がいかに変容しつつあるかを論じる。労働の変化は，人口構造の変化や，モノや人の移動のグローバル化といった諸要因が作用して生じているが，ここでは特に科学技術の進展がおよぼす影響を中心に見ていく。

1　情報技術と人工知能が働き方におよぼす影響

　まず，情報技術 (IT) と人工知能 (AI) が働き方にいかなるインパクトをこれまでにもたらしてきたか，現在もたらしつつあるかを概観しよう。

　20世紀後半に登場し1990年代半ばに爆発的に普及したインターネットは，第三次産業革命とも呼ばれるIT革命を引き起こし，働き方や労働における時間を変化させていった。

　この革命により，大量生産を中心とする工業社会から知的生産を中心とする情報社会への変化が生じた。工業社会においては，同一製品を大量に生産するために，勤務時間および勤務場所に縛られた工場やオフィスの労働が中心であった。仕事の内容や労働時間は，いわば標準化されていた。これに対して，企業が新しい製品や技術，新しい組織形態や市場をつねに追求す

ることによって価値が生み出される社会では，個々人の知的労働が中心に位置するようになる。知的労働において肝心なことは，新しくてよいアイデアが浮かぶことであり，そのためにどこで何時間費やしたかは二義的なこととなる。

このような生産システムには，工業社会時代に主流であったような労働時間や場所の規律・管理は適さなくなる。よいアイデアが浮かぶのであれば時間も場所も柔軟であってかまわない。普及した情報技術は，業務のうち同期化を必要としない部分を増大させ，「時間からの解放」をうながした。それらによって可能となった働き方の一つが，フレックスタイム制である。従来のような労働時間の長さ，すなわち時間の量によって決まる賃金体系は徐々に時代にそぐわないものになってゆく（長谷川 2019:128-31;角山 1998:26-38;伊藤 2008:99-103;大前 2023:43-5, 84;博報堂生活総合研究所編 2003）。

IT革命は，また，高い技能の業務と低い技能の業務への業務の二極化をもたらした。定型的な仕事は奪われ，非定形的な仕事は増加した。同時期に工場を海外に移転させる企業も多く，そのことによっても，先進国の定型的な仕事は減少した。残った定型的な仕事の主な担い手は非正規雇用となり，労働者に占める非正規雇用の比率が増大していった（大内 2017:16-7;鶴 2010:5-9;Autor, Mindell and Reynolds 2021＝2023:48-9）。非正規雇用は，契約期間の定めがある有期雇用で，将来の長期的見通しがつきにくい働き方である。そのような働き方をする者が増加していった。

さらに，2010年代後半以降，第四次産業革命による就業構造への影響が指摘されるようになった。

例えば，経済産業省の「新産業構造ビジョン──第四次産業

革命をリードする日本の戦略（産業構造審議会中間整理）」（2016
年4月27日）では，次のような技術のブレイクスルーが指摘さ
れた。第一に，実社会のあらゆる事業・情報がデータ化され，
ネットワークでつながるモノのインターネット（IoT）により，
自由なやり取りが可能になる。第二に，ビックデータと呼ばれ
る収集された大量のデータをリアルタイムに分析し，新たな価
値を生む形で利用可能になる。第三に，人工知能により機械が
自ら学習し，人間を超える高度な判断が可能になる。第四に，
多様で複雑な作業についても自動化（ロボット）が可能になる。

　一方のモノのインターネットとビックデータなどのデータの
取得・分析・実行と，他方のビジネスとが結びつくことで，あ
らゆる産業で破壊的なイノベーションを通じた新たな価値が創
出され，これまで実現不可能と思われていた社会の実現が可能
になるとともに，産業構造や就業構造が劇的に変わる可能性が
ある（経済産業省 2016）。

　法学者の大内伸哉によれば，第四次産業革命の具体的なイン
パクトとして指摘されているもののなかには，雇用への影響が
大きいと思われるものが二つある。

　一つは，大量生産・画一的サービスから，個々のニーズにお
うじたカスタマイズ生産・サービスへの転換である。具体的に
は，個別改良，即時オーダーメイド服，各人の理解度に合わせ
た教育などがあげられる。もう一つは，人工知能によって認識・
制御機能を向上させることによる，人間の役割サポート・代替
で，例えば，自動走行，ドローン施工管理・配送がある。前者
は，大量生産・画一的サービスからの脱皮であり，これは集団
主義的な働き方，すなわち一定の場所に決められた時間に集まっ

て働くような働き方を根本的に変える可能性がある。後者は，人工知能の活用による人間の役割の代替・サポートによる，ある種の仕事の激減である（大内 2017:35）。換言するなら，人工知能の進化で定型的な仕事は自動化されてゆく。

　この自動化傾向は，2022年秋以降に急速に普及していったChatGPTなど大規模言語モデルの生成系人工知能により，さらに加速してきているようだ。『日本経済新聞』2023年9月24日朝刊によると，アメリカ合衆国では企業が人工知能の活用を理由にした従業員の解雇に動いており，2023年1月から8月の間に約4,000人の削減を公表した。雇用削減の対象となるのは，経理や人事など企業内でバックオフィス業務にかかわる人々で，人工知能で代替しやすい反復業務の部門が中心となる。

　以上をまとめよう。IT革命は，仕事の非同期化を進め，創造的な仕事の価値を上げることで，労働の場における時間の価値を低下させ，その意味で仕事における時間からの解放をうながした。同じ時期に，長期雇用を前提とした働き方の管轄外にある非正規雇用の割合が増加した。さらに，人工知能やロボットの発達は，定型的な仕事を機械に担わせるという点で，人間の行う仕事の再編成をうながす。

　では，いかなる再編成が考えられ，またそれが労働における時間にどのような影響をおよぼしつつあるのか。以下の節で見ていこう。

2　正規雇用の減少と長期雇用の困難

　IT革命により生じた正規雇用の減少傾向は，人工知能やモ

ノのインターネットの普及により今後さらに進展すると考えられる。

大内によれば，今日の技術の発達はその速度が早まっており，新たな技術に対して，企業内での労働者の再配置で対応することが徐々に困難になりつつある。その場合，企業が必要とする新しい技能は，企業外から調達してくる必要がある。そのような人材は，企業内での育成を予定していないため，広範な人事権に服せしめる必要性もない。つまり，正規雇用である必要はない。また，第四次産業革命の進展により，企業を取り巻く環境が大きく変わるなか，企業がそのままの業態で長期的に存続することは，例外的な企業を除き，もはや想定しがたくなっている。例えば，自動車の電気化にともない，製品のハード部分を製造してきた企業が，ソフトの開発を中心とする企業に変わる，フィルム会社が医療部門の企業になる，といったことが起きている。

ここまで大きな変化が起こると，同一の人材で変化に適応させていくことは困難となり，企業が人材を長期的に雇用することは現実的にできなくなる。そうなると，正規雇用は徐々に減少していくことになろう（大内 2017：105-6）。

このように，第三次産業革命においてすでに減少傾向にあった正規雇用が，第四次産業革命ではさらに減少することが予想されている。

企業トップや政府も同様の見解を示す。

例えば，日本型雇用を実践する企業の代表格とされてきたトヨタのトップが，2019 年に長期雇用は将来的には不可能だと述べた。2020 年 1 月には日本経済団体連合会が，新卒一括採

用や終身雇用，年功序列賃金など，戦後の日本型雇用システム
を見直すよううながし，今後は中途・経験者らの採用，さらに
通年採用などを組み合わせ，人事考課でも仕事の成果におうじ
た昇給・昇進システムを導入することが望ましいと述べた（小
林 2020：267）。

　日本政府も同様の立場で，2019 年に内閣府は，『令和元年度
経済財政白書』で長期雇用と年功序列等を特徴とする日本的な
雇用慣行の見直しが欠かせないと強調した（内閣府 2019a：169）。
また，2023 年に政府の「新しい資本主義実現会議」が発表し
た「三位一体の労働市場改革の指針」の基本指針には，「働き
方は大きく変化している。『キャリアは会社から与えられるもの』
から『一人ひとりが自らのキャリアを選択する』時代となって
きた。……社内・社外共に労働移動できるようにしていくこと
が，日本企業と日本経済の更なる成長のためにも急務である」
（内閣府 2023a：1）という文章が載っている。長期雇用が前提では
なくなり，個々人が職業人生という時間における自分のキャリ
アを自ら設計し選択するよううながされている。

　では，転職の実態はどうか。

　内閣府『令和 5 年度　年次経済財政報告』によれば，2012
年以降の転職者割合（過去 1 年以内に勤め先を変えた者が就業
者全体に占める割合）は，全体としては活発な状況にあるとは
いい難いが，2022 年以降に正規間転職が活発化している。と
りわけ労働需給がひっ迫しているのが，「エンジニア（情報技
術・通信）」や「企画・管理」といった，相対的に専門性の高
い技能が求められ，賃金が高い職種である。転職者全体で見る
と，過去 1 年間の転職者のうち転職割合が高いのは相対的低所

得層であるが，転職活動が比較的所得の高い層へ広がる形となっている。また，自発的な転職が雇用者の賃金上昇につながる可能性が高く，転職の準備としてリスキリングなどが賃金増加の可能性を高めるという分析もなされている（内閣府 2023c:103-11）。

このように，大内が予測した傾向は，内閣府の報告の記述においてもある程度観察できる。

同様の傾向は，「リスキリング」の語の登場とその意味変化からも見て取れる。

リスキリングは，直訳すると「スキルの再習得」「職業能力の再開発」を意味し，デジタル・トランスフォーメンション（DX）時代の人材戦略として注目されている。海外ではデジタル化が進むなかで技術的失業を未然に防止し，労働移動を実現するための解決策としてリスキリングが着目されてきた。リスキリングのもともとの意味は同一企業内でのスキルの再習得であったが（後藤 2022:22-9），この語は社外でより活躍できるための能力開発・スキルアップを含めて定義されるようになっていった（柳川 2023）。例えば，『日本経済新聞』2023 年 9 月 17 日朝刊には，厚生労働省が 2024 年度からハローワークの支援対象を離職者のみならず在職者にも広げ，リスキリングのための窓口を設けるとの記事が掲載されている。この記事においても，リスキリングは社外でも行われるものと見なされている。

このように，リスキリングの語の登場やその意味変化からも，新たな技術の習得を通じた労働移動が盛んになりつつあることがうかがえる。

3 テレワークの普及とその影響

「時間からの解放」の傾向は、第四次産業革命においていっそう促進されていく。それを下支えしたのが情報通信技術（ICT）の発展で、これが場所と時間に左右されない働き方を可能にした。仕事をするうえで必要となる情報それ自体は、タブレットやノート型パソコンを通してクラウドへのアクセスにより引き出すことができる。必要なコミュニケーションは、メールやウェッブ会議などの活用で相当部分がカバーできるようになった。情報インフラが整備され、ハード面の情報機器も一般的な商品になってきたことなどが、こうした働き方を可能にした。このような働き方の代表例としてテレワークをあげることができる（大内 2017：159-61）。

実際、先進国ではテレワークはある程度普及している。野村総合研究所（NRI）が 2022 年 7 月から 8 月に日米欧 8 カ国で実施した生活者アンケートによると、アメリカ合衆国やイギリスでは 50%、ドイツやスウェーデン、スイスなどでも 30% 以上が実際にテレワークをしている。日本では 2022 年末時点で、就業者の 25% 近くがテレワーク対象者となっていた（野村総合研究所 2023）。なお、日本生産性本部の調査によると、コロナ禍が落ち着くにつれて日本ではテレワーク率は若干低下し、2023 年 7 月現在、雇用者の 15.5% がテレワークを行っている（日本生産性本部 2023）。

テレワークは、現時点では事務職や研究職に多い。しかし、対面が原則とされていた販売職やサービス職にも、テレワーク

普及の兆しが観察される。接客や販売などの仕事は在宅勤務が難しいとされてきたが，仮想空間のアバター（分身）を駆使することで仕事の遠隔化が可能になった。日本では，労働力不足を背景に，2021年頃からこれらの職種におけるテレワーク化の試みが，いくつかの企業で実施されるようになった（『日本経済新聞』2023.10.30 朝刊）。

さらには，社会の側にそれを受け入れる素地が整うなら，仮想空間ではなく実社会で，遠隔操作可能なロボットなどのアバターを用いてテレワークする可能性も浮上している。これについては，2023年の時点で技術的には実証実験の段階まで進んでおり，教育，保育，医療，販売，エンターテイメント，案内など多岐にわたる分野で使用可能である（石黒 2023：4-6, 63, 108-35）。

テレワークと相性が良いのが，職務内容や能力に基づいて人材を採用・評価するジョブ型の働き方である。今後は，人工知能などの機械と人間との間で仕事の再編成がなされ，日本の正規雇用のなかでも，職務や勤務地が限定されたジョブ型の働き方が進み，それと並行して，人間の行う職務のうち，リアル職場で行うものとテレワークで行うものとに振り分けるという作業が進んでいく可能性は高い（大内 2017：162）。

テレワークの普及によって変化がうながされる可能性の高い働き方は，ジョブ型への変化以外にもある。

経済学者の黒田祥子によれば，中長期的な視点からすると，テレワークの普及は，第一に，誰が何をどれくらい手がけたかという仕事の「見える化」を進める。これまでは出勤していれば会社の「メンバー」として見なされていた評価体系も，より成果に見合ったものへと転換せざるをえなくなる。第二に，テ

レワークの普及により職場以外で仕事をする時間が増えれば，上司や先輩から直接指導を受ける機会も減る。企業は新たな職場内訓練の方法を模索する一方，労働者は時代にそくしたスキルを自己責任で蓄積することが必要となる。第三に，「いつでもどこでも」仕事ができる状況が広がれば，仕事と生活の境界が曖昧になる。

さらに，より長期的視点に立てば，企業による時間管理は一層難しくなる。一つの企業に定時に出社し，まとまった連続時間で働くことを前提にした現在の労働時間規制は，時代に合わせて見直していく必要がある。柔軟な働き方の普及にともない，時間管理を通じて労働者の健康確保を使用者側にゆだねることはいずれ限界がくる。つい無理をしてしまう人間の特性に働きかけ，ナッジ（誘導）を取り入れた健康管理アプリや感知機器も普及しつつある。こうした技術をうまく取り入れながら，最終的には労働者自身でも時間の自己管理ができるような社会を展望していくべきであろう（黒田 2020）。

黒田の指摘を本書の問題関心にしたがって解釈し直すなら，テレワークの普及がうながしうる変化として，第一の指摘から，時間の量から成果への賃金尺度の転換，第二の指摘とより長期的視点での指摘から，キャリアや日々の時間管理の個人化，第三の指摘から，自由時間と労働時間の境界の曖昧化があげられることになる。

むろん，オンライン化にそぐわない仕事も存在するが，人がその場に居ることが必要な仕事のなかには，働く時間が柔軟化・細分化されつつあるものもある。企業に就職するのではなく，スマホアプリやインターネットを使って単発または短期で請け

負うギグワーク（小林 2020:68）がその一例である。ギグワークの一つであるウーバーイーツの配達員は，「自由な働き方」(Uber 2023) で「いつでもどこでもご自身の都合に合わせて稼働することができます」(Uber 2023) とホームページにある。このギグワーカーも増加傾向にあるようだ。例えば，2025 年にヨーロッパのギグワーカーは 4,300 万人と，2022 年の 1.5 倍になるとされている（村山 2023）。

　以上から，古典的近代において工場での労働の仕方が範型としてそれ以外の仕事に対しても適用され，支配的な労働の型となっていったように，第四次産業革命時代の労働の支配的な型は，場所や時間に縛られない働き方になっていくことが予想される。

4　自営的な働き方の広がりとクラウドソーシング

　大内によれば，テレワークの普及で，自分の時間をより自由に使え，成果さえ上げればよく，複数の仕事を手掛けやすくなるという変化が起こると，働く個人が一つの会社に縛られた正規雇用である必要性は減少する。その意味で，テレワークは自営的就労の増加をうながす要因となる。具体的に見ていこう。

　人工知能やロボット工学の発達は，これまでの人間の仕事のうち定型的な仕事を徐々に奪っていく。他方，企業にとって重要なことは，人間の行う仕事と機械の行う仕事の的確な振り分けであり，それがマネージャー層にとっての主要な仕事となる。そのようなマネージャーの仕事は人工知能に代替されにくい。

　そうした仕事の再編成の結果，人間の仕事として残るのは，非定型的で，かつ人工知能によって対処ができない，あるいは

人工知能でもできるが人間の方がよりよくできるような仕事，あるいは人工知能などの新技術を活用する側の仕事である。非定型的であったり，新たな技術を活用したりする仕事から高い付加価値を生み出すために必要なのは，人間一人ひとりの知的創造性である。

　こうした働き方では，職務は特定され，その職務におけるプロとしての技能が必要となる。そのような人材は，もはや企業が正規雇用の社員として取り込んでおくべき存在ではない。またマネージャー層も，委任契約や請負契約という非雇用契約が締結される可能性が高くなる。その結果，さまざまな技能をもって企業や個人と契約をして，自らのプロとしての技能を提供するという自営的な働き方が広がっていくであろう。情報技術の発達は，自営的な働き方をする環境を急速に整備している（大内 2017:171-2）。

　自営的な働き方は，実際どのくらい広がっているのか。自営的な働き方に近い概念として「フリーランス」が考えられる。一般社団法人プロフェッショナル＆パラレルキャリア・フリーランス協会編『フリーランス白書 2020』では「フリーランス」を，特定の企業や団体，組織に専従しない独立した形態で，自身の専門知識やスキルを提供して対価をえる人，と広義に定義しており，この広義のフリーランスには個人事業主も含まれる（平田 2020）。よって，統計データが存在するフリーランサーで自営的な働き方の広がりを確認しよう。

　アメリカ合衆国において，フリーランスで働く人の数は増加傾向にある。オンラインフリーランシングプラットフォーム／クラウドソーシング企業の Upwork が，フリーランサーを「過

去12か月に補助的，一時的，プロジェクトベースまたは契約ベースでの仕事によって所得を得た人」と定義し，その人数を調査したところ，2014年の5,300万人（全労働者数に占める割合は34%）から2020年の5,900万人（同36%）への増加が見られた。増加しているのは，コンピュータプログラミング，ライティング，デザイン，情報技術，マーケティング，ビジネスコンサルティングなど高いスキルが必要なサービスを行う仕事である。このように，増加傾向にあるフリーランサーの活動にはオンラインでできるものが多く，フリーランサーのオンライン化が進みつつあることが推察される（リクルート 2022）。

　増加傾向は，日本でも確認できる。Lancers の調査では，2019年におけるフリーランサーの数は1,118万人，労働力人口に占めるフリーランスの割合は16.7%であったが，2021年においてはそれぞれ1,577万人，22.8%に増加した（Lancers 2021）。日本のフリーランサーの割合はアメリカ合衆国に比べると低いものの，今後も増加が見込まれる。『日本経済新聞』によれば，企業の間で，専門知識を生かして組織に属さず外部のフリーランス人材を活用する動きが広がっている。フリーランスなど専門性の高い人材に対して，デジタルなど最新の知見を期待する企業が増えており，日本総合研究所の山田久は「外部専門人材の活用は今後さらに広がる」と指摘する（『日本経済新聞』2023.6.19. 夕刊）。

　自営的働き方をうながすものとして注目されているのが，大内によれば，クラウドソーシングあるいはクラウドワークである。クラウドワークは非雇用型のテレワークの一種で，これを企業側からみるとクラウドソーシングという表現になる。クラ

ウドソーシングは，ネットを通じて，不特定多数のクラウド（大衆）に向けて業務委託をする。特定の事業者への外部委託であるアウトソーシングとは異なり，不特定多数の者に，特定の業務（職務）について発注をかける点にその特徴がある。企業や個人が，不特定多数の大衆に業務の注文をし，そこで条件が合致したクラウドワーカーと業務委託契約を結ぶのがクラウドソーシングの典型的なパターンである。

クラウドソーシングの取引の舞台となるネットには国境がないため，労働力の取引はグローバルに展開しうる。人工知能による機械翻訳の技術を活用すれば，言語の違いによる壁も乗り越えることが可能である。企業は世界中に発注をして，もっとも良い条件を提示するクラウドワーカーと契約を結び，個人もクラウドワーカーとして世界中の同業者と競争する。労働契約は，仕事の結果（成果）に対して報酬を支払うものになる（大内 2017：172-6）。

事実，アメリカ合衆国のフリーランサーの活動は，クラウド経由のオンライン化が進んでいることは先に見たとおりである。

5 キャリアの短期化

長期雇用を前提としなくなり，成果主義が広がり，ビジネスを取り巻く環境の流動性が高まれば，従来のような定年までの長期的なキャリアよりも，短期的なそれに重点が置かれるようになる。社会学者リチャード・セネットはアメリカ合衆国において，大内は日本において，キャリア形成の仕方が，長期的目標をかかげるそれから，より短期的な視点で，労働環境の変化に

柔軟に対応しながらそのつど必要とされる技能を身につけるものへと変化しつつあることを指摘した (Sennett 1998＝1999；大内 2017)。

このような状況下，いかなるキャリア像が想定されるのか。

ここでは，経済学者アンドリュー・スコットと経営学者のリンダ・グラットンが提唱するモデルを例として見よう。彼らは，技術の驚異的進化と長寿化の時代におけるキャリアの組み立て方をこう指南する。職業人生の長期化と同職滞在期間の短期化が予想される，日本も含む先進国の現在の 20 代には多様な進路と選択肢が広がり，その結果検討すべき「自己像」は彼らの父親世代よりもはるかに多くなる。現在の 20 代は，いま性急に特定の進路を選ぶ必要性はなく，いくつかの「ありうる自己像」に向けて進むが，人生のステージごとに進路の方向が変わる可能性がある。

図 2-1 にあるように，現在ステージ 1 にいる人物は，比較的新しい生き方 P1（フリーランス）か，父親世代と同様の生き方 P2（父親と同じ会社のなかでの出世）かのいずれか一方を選択する。P1 を選びそこである種の技能を獲得した場合，ステージ 2 で 2 つの選択肢が浮上する。P2 を選びそこで能力を磨いた後にも 2 つの選択肢が登場する。P1 と P2 のどちらを選んだ場合もステージ 2 において選択可能な選択肢（3B）もあるが，P2 を選べば存在するはずの選択肢（3C）は P1 を選んだ場合には存在しない。

長い人生を生きる時代には，同じステージにゆきつくまでの道筋が何通りもあるが，どこから出発するかは慎重に考える必要がある。最初に P1 を選べばステージ 4 で 4A や 4B に行きつく可能性があるが，4C（父親が勤めた企業のゼネラルマネー

ジャー）への道は閉ざされ，最初にP2を選べば4Aへの道が閉ざされる。重要なのは，それぞれの進路を選んだ場合に何が失われ，いかなるリスクをともない，後の進路変更がどの程度困難になるかという難しい検討をすることだ (Scott and Gratton 2020＝2021：14-48, 125-30)。

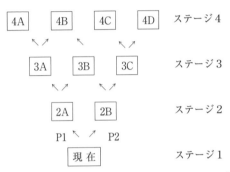

図2-1 マルチステージ化したキャリアのイメージ
(Scott and Gratton 2020＝2021：126) の図を一部修正し作図

マルチステージ化したキャリア・モデルにおける現代の20代が選択の際に考えうる時間幅は，父親世代よりも相当に短い。父親世代は初職選択時に引退までの時間幅で職業人生を考えることができたのに対し，図2-1のステージ1で現代の20代に可視化されている道は，ステージ2にいたるP1とP2のみである。

マルチステージの語は，同著者らが2016年に著した『Life Shift』(Gratton and Scott 2016＝2016：25) にも登場する。同著は世界的ベストセラーとなり (後藤 2022：27)，日本では同モデルが2017年に日本政府の「人生100年時代構想会議」で新しいロールモデルとして採用され，著者の一人であるグラットンはこの

会議のメンバーに選出された（『日本経済新聞』2017.9.19.夕刊）。

このように，キャリアのマルチステージという着想は世界的に広がっている。このマルチステージ化したキャリアにおいて，見通すことのできる未来は短期化している。

6　労働における時間の変化

上述の変化を時間の観点からまとめ直そう。

第一に，正規雇用の減少や長期雇用慣行の衰退は，働く個々人にとっては，一つの会社に長期的に勤める人生から，他企業への転職，あるいは自営的に働くなど，働き方を何度も変更する職業人生への転換を意味する。職業人生の個人化にともない，キャリアは，外部環境の変化に柔軟に対応しつつ自分で形成するもの，長期的な視点というよりは，その時々で必要とされる技能を身につけ，職場や働くスタイルを変えるといった具合に，短期的な視点で形成するものに変化している。

第二に，テレワーク，クラウドワーク，ギグワークの普及が，特定の時間や特定の場所に縛られない働き方への変容をうながすと，従来のような労働時間の長さ，すなわち時間の量によって決まる賃金体系も崩れてゆかざるをえない。事実，日本でも，時間ではなく成果で賃金を決める「脱時間給制度（ホワイトカラー・エグゼンプション）」が2019年4月に施行された（厚生労働省 2023c）。この制度の対象となる労働は，（2024年の時点では）正規雇用の，高収入の一部専門職のみで，まだその適用範囲は限定的である。しかし，本章で述べた傾向が進展するなら，より多くの仕事が，それにかけた時間ではなく，成果によって

評価されるようになるであろう。

ローザもこう指摘する。後期近代における「労働」は，時計が17時を指したときではなく，割り当てられた課題が片づけられたときに終わるようになっている。この変化において労働のノルマは，近代以前と同じという意味で再び，課題志向的，出来事志向的に定められる（Rosa 2005＝2022：212）。

同様の傾向は，将来的には教育の場でも生じる可能性がある。教育学者の加治佐哲也は，情報技術や人工知能の発達により，学校における個別最適化された学びとオンライン学習が普及することによって，まず，子どもが毎日，学校に来るという前提が揺らぎ，第二に，一定の期間，授業を受ければ進級・卒業を認める履修主義，義務教育期間を年齢で決める年齢主義といった「常識」の見直しがなされることが想定されると指摘した（加地佐 2020）。つまり，学校において，同じ時間に同じ場所で，定められた時間の量だけ学ぶという原則が揺らいできている。

これには，情報通信技術の発達と労働の場において求められる能力の変化にともない，生徒に課題解決型学習が求められるようになったことが影響していると思われる。リスキリングが注目されている傾向も考え合わせるなら，原則同年齢の者が学ぶ，あるいは人生の初期段階で学ぶという原則も揺らぎつつあることになる。1章で言及したコーリのいう年齢で区切られた「準備期」の曖昧化である。

第三に，労働時間と自由時間の境界も曖昧化している。社会学者のジグムント・バウマンは，スマートフォンや携帯可能なパソコンの時代には，仕事上の職務からも家族への義務からも免れているという言い訳が成り立たず，よって，労働時間と自

由時間の境界の流動化が生じると指摘する（Bauman 2008＝2009：246）。1章で見たように，古典的近代において労働時間と自由時間が分離した。しかし，後期近代において労働時間と自由時間の境界は流動化し，公私の相対的な融合が生じつつある。これは，ローザが指摘するように，労働時間と余暇の時間，休息日と労働日，営業時間と閉店時間，放送時間と放送休止時間といった，古典的近代における社会の集団的なリズムの解体を意味する（Rosa 2005＝2022：208）。

　これは，第四に，時間割の変化であり，ひいては時間割というアイデアの終焉可能性でもある。まず，テレワークが導入されると，1日の労働時間の配分も，午前9時から午後5時までという形から，各人の都合に合わせて各自で配分する形に変化する。例えば，午前8時から10時まで仕事，10時から11時までは買い物と散歩，11時から12時まで再び仕事，といったことが可能になる。これは，1日の時間割の変化を意味する。

　加えて，テレワークは公私の境界線を曖昧にするため，時間割というアイデアの終焉にいたる可能性もはらむ。在宅勤務中であっても，宅配の荷物が届けば受け取る。仕事にかんするメールが夕食後に届き，すぐさまの対応を求められ，子どもをあやしつつメールを送る。仕事をしながら家事を行い，休暇を取りながら仕事を行う（ワーケーション）というのは，何時から何時までは仕事時間，何時から何時までは家事時間，何時から何時までは休憩時間といった「時間割」が前提としてきた時間の使い方とは異なる時間の使い方である。それは，子どもを背負いつつ農作業するといった近代以前の社会における時間の使い方にある意味で似ている。

7 小　　括

　本章では，インターネットや人工知能の普及によって労働が
いかに変化しつつあり，それが労働における時間の変容にいか
にかかわっているかを見てきた。

　まず，労働は費やした時間の量ではなく，成果によって評価
される方向に向かいつつあり，労働を評価する尺度という時間
の機能は弱まりつつある。次いで，労働は特定の場や特定の時
間に相対的に縛られないものに変化しつつあり，労働時間と自
由時間の境界は再び曖昧になりつつある。さらに，準備期，活
動期，引退期という年齢によって三分割されたライフコース体
制は，仕事とリスキリングを何度も繰り返すようなそれに変化
することで，年齢で区切られるものではなくなりつつある。そ
れにともない，キャリアの長期的な展望が困難となり，短期化
が生じている。

　これらの傾向が示しているのは，労働にかんして時間が特権
的な地位を有していた古典的近代と比べるなら，後期近代にお
ける時間は，労働におけるその重要性を——少なくとも尺度提
供という点において——減じつつあるということであろう。

[注]
1)　日本の場合，少子化が一つの原因となって，同じ年齢の子ども
　を集めるという学校のあり方が変化する可能性も指摘されている
　（『日本経済新聞』2023.10.16 朝刊）。

3章 個人の時間

　前章で論じた労働の場における時間の変容も，個人の時間に
重大な影響をおよぼす要素であるが，人間の人生は働くことだ
けではない。家庭生活も，学校生活も，任意団体での活動も，
友人との交流も含めて，個人の人生である。そこで，本章では
個人に照準を合わせ，個人にかんする時間の変容を見ていく。
ただし，本章で主にあつかうのは，個人の現在と未来にかかわ
る時間とする。個人の過去にかかわる時間については，次章で，
社会および個人の過去像という形でふれる。

1　ライフコースの脱時間化と脱標準化

　1章で見たように，古典的近代において時間化されたライフ
コースが制度化され，標準化していった。男性は，一定の年齢
で，学校に通い，職に就き，結婚し子どもをもうけ，年金支給
年齢になると引退するようになった。女性は，一定の年齢で，
学校に通い，職につき，結婚または出産を機に家庭に入るよう
になった。それは，特定の年齢で生じるという意味で「時間
化」であり，ほとんどの者がそのような人生を送るという意味
で「標準化」であり，そのような人生を送ることを可能にする
諸制度が作られたという意味で「制度化」であった。しかし，

1970年代頃から先進国において，国によって開始時期や変化の速度に違いは見られるものの，そのような傾向とは逆行するような現象が登場してきた（Kohli 1985）。

　まず，家族に関連する事象については，初婚年齢の再分散化や，生涯未婚率の再上昇，そして出生率の低下がはじまった。また，カトリックの影響の強い南ヨーロッパを除く先進国では，離婚率の上昇もはじまった（落合 2019:70-2, 212-3, 246-8）。つまり，みなが同じくらいの年齢で結婚し，同じくらいの年齢までに2, 3人の子どもをもうけ，その婚姻は高齢期における配偶者の死まで続く，というわけではなくなった。さらに近年では，科学技術の発達にともない，卵子の冷凍保存などによって女性の生殖可能な年齢境界が消滅しつつあり，また，精子さえ保存されていればその男性の死後でも受精が技術的には可能になった（Beck und Beck-Gernsheim 2011＝2014；Castells［1996］2000:473-80）。このように，家族形成にかんして人生時間の非標準化ないし非同期化の傾向が強まっている。

　次いで，準備期から活動期への移行についても変化が見られる。ニートやフリーターのように，学卒後直ちにフルタイムの職業世界へ入ることがかなわず，その結果親からの経済的自立ができない若者が登場し，その数が増えていった。親の経済力に完全に依存しているわけではないが，自立した生活を送っているわけでもない「ポスト青年期」が出現した。このような変化が生じたのは，欧米先進諸国では1980年代，日本ではその10から20年後であった（宮本 2004, 2016；Jones and Wallace 1992＝2002:53-88）。学卒後直ちに職業世界への移行がなされない者の増加という事態は，コーリの用語でいえば，準備期から活動期

への移行の曖昧化と長期化ということになる。

女性の場合，古典的近代には，結婚ないし出産を機に主婦として家事・育児に従事する傾向にあった。ところが，女性の教育年数の増加と職場進出，男性の収入の不安定化，未婚化，離婚の増加，経済のサービス化による女性の就業機会の拡大などの諸要因が作用し，国によって開始時期やその速度に違いは見られるが，1970年代以降，次第に女性も引退期まで仕事に従事する者が増加していった（落合 2019；Beck-Gernsheim 1983）。

引退期については，年金の支給年齢が引き上げられ，高齢で働く者の割合が増加しはじめた。

日本では，2001年4月から老齢厚生年金の支給開始年齢が60歳から65歳に段階的に引き上げられ，2022年4月からは受給開始年齢を大幅に遅らせることも可能になった。受給開始年齢は原則65歳で，2022年3月までは70歳まで繰り下げられていたが，2022年4月からは75歳まで繰り下げ可能となった。なお，女性のスケジュールは5年遅れとなる（厚生労働省 2023a）。

働く高齢者も増えている。1968年から2022年までの「労働力調査」のデータを見ると，年金制度が整備されるにつれて低下傾向を見せていた高齢男性の就業率は，70歳以上は2017年頃から，65歳から69歳は2005年から，60歳から64歳は2003年から上昇しはじめた。女性は，高齢期の労働力率が年金制度の普及とともに下がるという傾向は観察できず，横ばい傾向にあったものの[1]，後期近代のある時期からは労働力率が上昇している。すなわち，60歳から64歳と65歳から69歳の女性の労働力率は，2004年以降上昇傾向にある。なお，70歳以上の女性のそれはおおむね横ばい傾向にある（総務省統計局 2023；

伊藤 2008:73-4）。このように，引退期は全体として引き上げられる傾向にある[2]。

　さらに，引退期は特定の年齢境界において生じる現象ではなくなりつつある。というのは，年金制度の支給開始年齢は一定の範囲内で個人が選択するものになり，また年金だけでは生活が成り立たず，働き続ける者もある程度存在し，その割合はさらに上昇することが予想されるからである。

　それは日本だけの現象ではない。アメリカ合衆国やイギリスにおいても高齢期に職業に従事する者の割合は，2000 年前後から再び増加傾向にある（Gratton and Scott 2016＝2016:76-7；Scott and Gratton 2020＝2021:105）。年金支給開始年齢の引き上げも，先進諸国で観察される。年金支給開始年齢は，例えば，ドイツでは 2023 年の時点では 66 歳だが 2029 年に 67 歳になるまで順次引き上げが，アメリカ合衆国では 2023 年時点では 66 歳だが 2027 年までに 67 歳への引き上げが，イギリスでは 2023 年時点では 66 歳だが 2028 年までに 67 歳に，2046 年までに 68 歳に引上げが予定されている（厚生労働省 2023b）。

　さらには，長寿化にともない，若い頃の学習だけで生涯にわたって仕事をこなすことは困難になる可能性が高いため，従来の学習・仕事・引退の 3 段階ではなく，学習・仕事・休養を柔軟に切り替える人生を送るべきだとの指摘も存在する。

　グラットンが提示したマルチステージという新たな人生の規格は，その一例である。彼女によれば，これまでは，フルタイムの教育・フルタイムの仕事・フルタイムの引退という 3 ステージの人生が当たり前だったが，人生が長くなるとマルチステージの人生が一般的になる。例えば，教育，フルタイムの仕事，

パートタイムの仕事と起業のかけもち，サバティカル，パートタイムの仕事をしながらの旅行，起業，といったステージがあり，これらのさまざまなステージを経験する順序も一様でなくなる。マルチステージの人生では，選択可能な道がいくつもある。

　また，どのステージも特定の年齢層だけのものではなくなる。世界を探索するのは 20 代だけの特権ではなく，45 歳や 65 歳でそのような活動をする者もいる。教育機関で学ぶのは 25 歳の場合もあれば，30 歳や 50 歳の場合もある。人生がマルチステージ化し，さまざまなステージを経験する順序の柔軟性が増せば，人生における移行の機会も増える。みなで横並びの人生は不可能になり，個人は自らの主体性を発揮しなくてはならなくなる（Gratton 2022＝2022：213-5）。

　家族形成およびそれに類することにかんしても，するかしないか，するにしてもその順序や時期が多様化していることが，人生のマルチステージ化に拍車をかける。例えば，独身でいるか共同生活を営むか結婚するか，結婚する場合いつするのか（早婚か晩婚か，職をえる前か後か，共同生活をへて結婚するのか，共同生活なしで結婚するのか，など），婚姻を継続するのか離婚するのか，再婚するのかしないか，子どもをもうけるのかもうけないのか，もうける場合何歳頃もうけるのか，どのような形態でもうけるのか（例えば，婚姻外か，子どもをもうけた後に結婚か，婚姻内でもうけるのか）など，人生のさまざまな事柄はもはや標準化されてはいない。

　つまり，人生という時間が，古典的近代の時代においては時系列化され，多くの者が同じくらいの年齢で人生上の特定の出来事を経験するという意味で，標準化，同期化されていったが，

1970年代頃から次第に人生の時間にかんして，標準化に対する多様化，同期化に対する非同期化の傾向があらわれはじめ，ライフコースの脱時間化が生じた。この傾向は，21世紀に入る頃には多くの人の目に明らかなものになっていった。

2 脱時間化された状況的アイデンティティ

　時間化され標準化されたライフコース体制が溶解し，人生がマルチステージ化すると，アイデンティティのあり方も変容を被る。

　ローザは，古典的近代におけるライフコースの制度化を，加速が近代化の基本プロセスである近代社会において，社会の中心にある枠組み条件を制度的に静止させるという役割を果たした，と評価する。特に，近代初期や初期産業革命期には，伝統的な共同体が解体し人口移動が大規模に生じるという意味で社会領域が液状化し動態化したが，その後，安定的な発展の軌跡——立法，政治統制，経済成長，教育課程，キャリアパスなどの軌道——を敷設することにその本質があるような枠組み条件が（再）固定化された。このような再固定化は，確固たる軌道のなかで特に計算可能な規則にしたがって変化が生じることを保証した。個人には，出生から教育をへて年金生活にいたるまで彼らを生涯にわたって導く確かなライフコースの軌道が作られた（Rosa 2005＝2022：iv, 115-6）。

　つまり，古典的近代におけるライフコースの（再）固定化——コーリの用語ではライフコースの制度化——は，確固たる軌道上での計算可能な規則にしたがった人生上の変化を保証し

た。

　ところが，後期近代において，時間化され制度化されたライフコースという枠組み条件が溶解する。これは，古典的近代的なアイデンティティや自律のあり方を困難にし，また，ローザの言う「時間の時間化」をうながす。順に見ていこう。

　まず，1章で見たように，古典的近代において人は自律した「個人」ととらえられ，「個人」は自己の人生を自ら発展的に形成することが可能であり，またそうすることが望ましいという考え方が，少なくとも中間層以上の男性においては支配的になった。そして，そのような価値観は，一方では，20世紀後半には労働者階級や女性にも広がるかのような傾向が観察された（Beck 1986：115-219＝1998：137-271）。他方で，20世紀後半以降次第に，そして20世紀末頃にはよりはっきりと，人はいわゆる「自律的個人」でなくなっているという研究結果が報告されるようになった（片桐 2017；Elliott and Lemert 2009）。

　これはどういうことか。ローザによれば，古典的近代における自己関係と世界関係の変容は，主として，伝統的共同体から個人が解き放たれるという意味での個人化として現象した。そしてそれは人生の時間化，すなわち人生とは私たちが時間のなかで形成すべきプロジェクトであると見なす観点をもたらした。このような動態化プロセスは，後期近代という局面にいたると，人生の見通しという点で脱時間化された状況的アイデンティティを生み出すようになった（Rosa 2005：354-5＝2022：281-2）。

　伝統社会では，ある人が誰であるのかは生まれながらに身分として決められていた。古典的近代社会になると，ある人が誰であるのかはもはや外的には規定されえなくなり，各人固有の

社会参加にますます強く左右されるようになった。この点において，伝統的な共同体からの解き放ちとしての個人化は，アイデンティティ創出に役立つさまざまな役割と関係性を，すなわち職業，配偶者，宗教共同体，政治的信念を自ら発見ないし選択でき，その帰結を引き受けることができることを意味している。こうして個人化は，人生の時間化と必然的に相関するようになる。アイデンティティの発展ないし実現は，人生の営みにおいて展開される一つの時間プロジェクトとなる。こうした転換の基礎にある本質的条件は，将来の計画可能性である。それは，発展的でありながら安定性を有するものであった。そしてこの安定性をもたらしたのが，制度化されたライフコース体制であった（Rosa 2005＝2022：284）。

　ところが，1970年代以降，個人化の第二の波とそれにともなう多元化の波が指摘されるようになった。いまやアイデンティティの構成要素をほとんど自由に組み合わせることができ，大部分を任意に変更できる時代となった。家族，職業，宗教的属性，支持政党，保険会社や友人ネットワークは，一度選択してしまえばその後一生続くような生き方の水準点ではもはやなく，いつでも自らの選択ないし他者の決定によって修正されうるものとなる（Rosa 2005＝2022：289-90）。

　こうした状況における目新しさとは，第一に，アイデンティティを示す諸表徴のクラスターが段階的に解体し，その結果，個々人の人生の諸状況が分離独立するようになったこと，第二に，人生の個別的な領域において，個々人はある決断の後もなお，生涯形式で予定された計画通りに人生が進むかどうかを前もって判断することができなくなったことである。というのも，

個人的アイデンティティの時間化こそが，ここでは修正可能だからである。ある人が何者であるのかは，前近代のように，伝統が規定する文化的社会的秩序モデルから読み取ることはもはやできず，古典的近代のように，個人の生涯を通じて規定されるものでもない。それはむしろ，人生が遂行される内部でのある時点に依拠する。こうして，アイデンティティは一時的なものになる。人はもはやパン屋，保守主義者，カトリック教徒そのものであることはなく，つねにただ一時的にそうであるにすぎない (Rosa 2005＝2022：291)。

　同時に不可能になったコンセプトが自律である。持続性ないし長期性に基づくアイデンティティ・プロジェクトという構想が困難になることは，つまり，ある種の自律という考え，すなわちさまざまな主体がコンテクストを超え，時間的にも安定して，自ら定めた価値と目的を追求することを可能にしたあの自律という考えが，不可能ないし困難になることを意味する。近代の自律とは，個人の人生設計が時間的に安定し，状況を超越した形で追求されることを，したがって安定した未来地平（および過去地平）を前提にしていたからである。しかし，後期近代の行為と決定にかんする新しい状況性および時間化は，安定した時間地平を提供しない (Rosa 2005＝2022：300, 309)。

　時間化されたライフコースという枠組み条件の溶解は，また，ローザの言う「時間の時間化」を促進する。時間の時間化とは，さまざまな行為，出来事，結びつきにかんする持続，連続，リズムとテンポが，行為や出来事の遂行のなかで，つまり時間それ自体のなかではじめて決定されることを指す。行為，出来事，結びつきは，もはやあらかじめ決められた時間計画にしたがう

ことはなくなった。時間の時間化は，これまで論じてきた人生の時間化，すなわちライフコース秩序および標準的な人生という意味での人生の時間化に，真っ向から対立する。というのは，時間の時間化が意味するのは，時間的広がりをもったプロジェクトという意味での人生の時間化を取り消すことだったからである。つまり，確固たる軌道なしに，あたかも自らが「時間操作ゲームのプレイヤー」であるかのように人生をジャグリングする必要が出てきた (Rosa 2005＝2022:292-6)。時間操作ゲームのプレイヤーについては，本章3節でさらに取り上げる。

　後期近代において人生全体を生涯計画に基づいて遂行しようとすると，方向性が見失われる。人生はもはや方向づけられた運動としては理解されえず，進歩の歴史という意味で物語的に再構成されえない。古典的近代に普及した Bildungsroman（自己形成小説）はもはや成立しえない。人生は，むしろ状況的で偶発的なものとして理解される。その意味で，人生の脱時間化が示唆される。出来事は，しばしば予見可能ではなく，予測不可能に陥った可能性地平で生じる。こうした地平からは，何が重要なことかはもはや認識できず，事柄の重要性はそれ自体として設定されねばならない (Rosa 2005＝2022:311, 486)。

　このような事態が，後期近代のアイデンティティの特徴を規定する。すなわち後期近代のアイデンティティの特徴は，自己や人生は時間によって方向づけられて進展するという感覚の喪失，したがってまた発展という観点の喪失である。それは，安定的なアイデンティティと制度的に保証されたライフコース秩序に基づき，人生設計にしたがって形作られた人生から，賭けのようにこの先どうなるか分からない予見不能な人生へ，ある

いは目的なく漂流する人生へと移行したという感覚である（Rosa
2005 = 2022：316-7, 397）。

3　時間操作ゲームのプレイヤーとしての自己

　枠組み条件の溶解は，日常生活における個人の時間をも変化
させる。すなわち，あらかじめ決定された予定時間から柔軟な
調整への変化である。

　ローザはこう述べる。後期近代において，日常生活はフレキ
シブルなものへと変わる。古典的近代の時間管理においては，
時間によって区切られたさまざまな行為の所要時間と段取りが
時間以前に確定され，予定のなかに組み込まれた。それによっ
て行動方針にかんする社会的な同期と調整が保証された。とこ
ろが，後期近代には領域ごとに特殊化された諸個人の社会参加
時間はフレキシブル化していく。

　ここから一つのパラダイム転換が確認できる。仕事をし，買
い物をし，友人と会い，メールを処理し，家族を扶養する等々
といった日常生活の諸活動のために，あらかじめ決められた時
間枠を用いることはもはやできない。出来事の生起，持続，連
続はかなり柔軟になっている。私生活であれ仕事であれ，約束
をする際にはモバイル技術による調整がなされ，時間も空間も
柔軟に調整される。時間的順序は，時間それ自体のなかで，個
人的かつ柔軟に創り出される（Rosa 2005 = 2022：294-5）。

　その結果，選択肢と偶発性が再び急速に増大し，古典的近代
において支配的であった時間管理，すなわち時間計画を規律に
よって管理するというスタイルが徐々に不可能になっていく。

古典的近代の「時間の支配者」という時間戦略は，後期近代において「時間操作ゲームのプレイヤー」という新しい生活様式のイメージに取って代わられる。このプレイヤーは，時間に対する古典的近代的な態度，すなわち時間は直線的に進み，帳尻を合わせたり計画したりできるという態度を乗り越え，それを状況に開かれた時間実践，「出来事によって方向づけられた時間実践」に置き換える。プレイヤーは，出来事のテンポと持続，コミュニケーションの接続行為を，抽象的で直線的な時間概念という枠組みのなかで決定するのではなく，柔軟かつ状況依存的に決定するからである。それはいわば，そのつどの現実的出来事がもつ固有の時間と時間地平のなかから，テンポや持続を見つけ出すようなものである (Rosa 2005：368＝2022：296)。

　この時間操作ゲームのプレイヤーの脳裡には，まっすぐ無限にのびる直線的な時間が枠組みとして存在し，その枠組みにおいて人がコミュニケーションするというよりは，コミュニケーションにおいてすぐ先の固有の時間が現出するといったイメージがあるように思える。ルーマンは，コミュニケーションを超越し，それを可能にしたり不可能にしたりするように思われるあらゆるもの——例えば規範——は，コミュニケーションの内部で生じると指摘した (馬場 2001：88)。ローザが指摘しているのは，規範のみならず時間も，後期近代においてはコミュニケーションの内部において現前するということではないか。とすれば，ここでは時間はもはや人間の外部に存在する客観的な尺度ではない。

　さらに，ローザによれば，時間操作ゲームのプレイヤーは新しいアイデンティティ形式を自らのものとしている。未来が開

かれており計画が難しいことに対して，古典的近代において取られた対応は，時間割の作成やライフコースの制度化などによって未来の統制と確実性を求めるというものであった。しかし，新しい，きわめて状況的な時間慣習の形式においては，日常の時間と人生の時間にかんする後期近代のさまざまな観点が，状況的なものになったアイデンティティ形式と結びつく。時間操作ゲームのプレイヤーは，ますます加速する時間の時間化を実現するような可能性の発生装置として，超加速をまさに嬉々として肯定する（Rosa 2005：370＝2022：297）。

　ローザは，時間操作ゲームのプレイヤーは時間の時間化を嬉々として肯定すると述べているが，多様化し流動的となった選択肢のなかでの状況ごとの決定を，負担として経験する場合もあろう。この点については本章4節で論じる。

　また，ローザは，ここに記されているような状況的な「論理は個人に対し，さまざまな時間地平と時間的視点を，通時的にも共時的にも柔軟かつ可変的なものとしておくよう強いる」（Rosa 2005＝2022：299）と述べている。柔軟かつ可変的な時間地平という指摘は，時間が絶対的尺度の座から降りつつある状況を示しているように思える。この点については5章で論じる。

4　規範の内面化から誘導へ

　ローザが事柄の重要性はそれ自体として設定しなくてはならないと表現した事態を，社会学者のウルリッヒ・ベックらは，個人による統制がほとんどきかない状況下で個人が数々の決定を下さなくてはならない事態と表現している。すなわち，何歳

ぐらいで親から経済的自立をし，結婚して子どもをもうけ，引退するかは，古典的近代において個人が発展的人生を営むうえでの前提条件であったが，後期近代においては前提でなくなり，個々人の決定にゆだねられるようになった。これが意味することは，自由の拡大ではなく，人生という時間を下支えする安定的な枠組みの溶解であった。人生上の不確実性が高まり，個人で決定すべき事柄が増え，人は個人による統制がほとんどきかない状況下で数々の決定を下さなくてはならなくなった (Beck und Beck-Gernsheim 1993)。

　このような状況下，個人はもはや自己を取り巻く環境の支配者として見なされなくなり，ネット化や状況化の生産者でありその産物でもあるようになる。

　一方で個人はその時々のネットの製作者である。例えば，新しい情報技術とコミュニケーション技術が可能にしたように，ネット空間においては，誰が，いつ，どのくらいの期間，そこに所属するのかを決めるのは個人だけである。個人は，しかし同時にまた，自分および他者の決定や，ネット技術上の設計にとらえられている。個人が置かれたこの新しい状況は，従属性と主権性という二面的性格をもつ。ここに，個人は自分で構築した関係網とコミュニケーション網の一部であり，同時に他者の決定や選択の客体でもあるという観念が登場する。個人は，文脈の（自らも構成する）構成要素であり，この文脈が彼の主体性を規定し，それでもなお彼はこの主体性の（共同）決定者である。このような主体を，ベックらは準主体 (Quasi-Subjekt) と呼んだ (Beck, Bonß und Lau 2001：44-5)。

　古典的近代における個人は，他者から明確に区別された自己

意識をもち，自己が準拠すべき規範や基準を内部に取り込むことによって，自身の行動を自ら決定する自律的存在である。この個人には，自己（内部）と他者（外部）を区別する物理的境界と意味的境界があり，前者は皮膚によって先天的にかたどられ，後者は個人の精神的発達過程を通じて後天的に獲得されると考えられていた（正村 2009：29）。また，準拠すべき規範や基準は，キリスト教由来の世俗倫理や安定的なライフコース体制のように，個人の外部に存するもので，それらが個人の精神的発達過程において個人に内面化されると見なされていた（Beck und Beck-Gernsheim 1994：28, 34；Mead 1934＝2005：171-5）。

　これに対して，後期近代の個人は，安定的な下支えの枠組みのない流動的な状況下，状況に埋め込まれているという意味で，また，ナッジなどのアーキテクチャにそれと気づくことなく規定されるという意味で，自己と自己を取り巻く（他者を含む）環境との境界が物理的にも意味的にもより曖昧な個人である。ベックらの用語を用いるなら，文脈におうじてさまざまに境界づけがなされるという意味で，主体境界が多元化された主体である（Beck, Bonß und Lau 2001：43）。個人はネットワークの構成要素であるが，このネットワークの構成要素には，文脈におうじて，他者も物理的環境も時間も空間も含まれる可能性があり，自己の境界づけも文脈におうじてなされる。

　このような事態を時間論の観点から表現するなら，準主体も，脱時間化された状況的アイデンティティも，「いま・ここ」という時空とある程度融合しているという意味で，状況融合的な個人であって，自己の外部に絶対的尺度として存在する時間という枠組みを照合しつつ己の人生を方向づける個人ではない。

認知科学では，時間と空間における自己の位置の認知のことを見当識（オリエンテーション）と呼ぶ（若林 2014:209）。ユートピアのような超越的な見当識（若林 2022:16）や，制度化されたライフコース体制のような安定的な見当識は，後期近代には存在しなくなりつつある。その代わりに，ナッジのようなアーキテクチャや人工知能のお勧め機能の手を借りつつ，個人はその時々で見当識を見出す。すなわち，後期近代においては，その時々での選択の負担を軽減する方策の一つとして，ナッジや人工知能によるお勧め機能が提供される。

　ナッジやお勧め機能の使用は，規律や規範の内面化から誘導への変化の傾向を示しているように思える。「誘導」という表現をここで使用するのは，ナッジも人工知能のお勧め機能も方向性は示すものの，最終的な決定は個人にゆだねられているからである（Sunstein 2020＝2021:16）。

　これはまた，共通の規範の弱体化よる社会統合の困難性が増す（Beck und Beck-Gernsheim 1994）事態に対する対応でもあろう。行動科学の知見によると，意思決定における選択肢が多すぎると人は選択が困難になる。このことは選択過剰負荷と呼ばれる（大竹 2019:37）。上で述べた事態は，選択過剰負荷を軽減する機能が，制度化されたライフコース体制や時間割といった枠組みから，ナッジなどの別の機能的等価物に移行しつつあることを示していると表現できよう。

5　データベース・モデルに基づく生の技法と世界像

　先に，人生やアイデンティティや自律の脱時間化についてふ

れた。しかし，脱時間化しているのはそれらだけではない。生の技法や世界像も時間的なものではなくなりつつある。

哲学者の東浩紀は，オタクを事例に，生の技法が長い時間を紡ぐ「大きな物語」ではなくデータベースになっていると指摘する。

古典的近代の人々は小さな物語から大きな物語に遡行していた。古典的近代の小説は，主人公の小さな物語を必ずその背後の大きな物語によって意味づけていた。ゆえに小説は一つの結末しかもたず，結末は決して変えてはならなかった。これに対し，後期近代のオタクに代表される人々は小さな物語と大きな物語という二つの水準を特につなげることなく，ただバラバラに共存させる。ある作品（小さな物語）に深く感情的に動かされたとしても，それを世界観（大きな物語）に結びつけずに生きていく，そのようなすべを学んでいる。

ここには，主体形成のあり方の違いが反映されている。後期近代におけるそれは「大きな物語」とのつながりが切れている点で，古典的近代におけるそれとは異なる。この切断の形は「解離的」である。後期近代のノベルゲームにおいて，主人公の小さな物語は意味づけられることがない。物語の源泉として写生されるべきフィクションは，データベース化され要素化されており，それぞれの作品は，それぞれのデータベースから抽出された有限の要素を偶然の選択で選び，組み合わせて作ったシミュラークル（模造品）にすぎない。

ここには，運命だととらえるのが大きな物語による意味づけなのか，有限の可能性の束から選ばれた組み合わせの希少性なのかの違いがある。そこに象徴的に示されているのは，小説と

ノベルゲームの差異のみならず，古典的近代的な生の技法と後期近代的なそれとの差異である。すなわち，シミュラークルの水準で生じる小さな物語への欲求とデータベースの水準で生じる大きな非物語への欲望の間の解離的な共存こそ，後期近代に生きる主体を一般に特徴づける構造である。

　古典的近代から後期近代への流れのなかで，私たちの世界像は，物語的で映画的な世界視線によってささえられるものから，データベース的でインターフェイス的な検索エンジンによって読み込まれるものへと大きく変動しているというのが，東の説である（東 2001:78, 82, 122-5）。

　東のデータベース・モデルにおいて，社会は個人の長期的な人生の意味づけは提供しないが，人生のその時々において，短期的な，意味の要素は提供している。データベース上に存する多数の要素から偶然的に選ばれる限りにおいて，個人の物語の源泉として，要素を提供しているものをここで「社会」と呼ぶなら，社会はその点で個人とかかわりをもつ。ただし，要素の提供がそのつどなされる点において，長期的ではなく，短期的ないし瞬間的である。その意味で，これはローザが指摘した後期近代の状況的なアイデンティティに適合的な，断片的な要素の組み合わせによる，その時々の主体形成のあり方であるといえよう。そして，その時々で要素が選ばれ組み合わされる，長期的一貫性が考慮されない主体形成のあり方は，先に言及した時間操作ゲームのプレイヤーと形が似ているように思える。

　ローザによれば，後期近代の行為と決定にかんする新しい状況性および時間化は，安定した未来地平（と過去地平）を提供しない（Rosa 2005＝2022:309）。この指摘と東のデータベース・

モデルとを考え合わせると，安定的な時間地平を提供しなくなった後期近代において社会が提供可能なのは，もしくは社会に求められているのは，データとして蓄積された，短期的ないし瞬間的な諸要素だということができよう。

また，データベースという情報技術との関連において東が既述のような変化を指摘している点も特筆に値しよう。すなわち，着想の源がデータベース的なイメージでとらえられているという点において，注目に値すると考えられる。

社会学者のマニュエル・カステルは，インターネット空間において，歴史は，まず，ビジュアルな資料の利用可能性におうじて編成され，次に，歴史をとらえる枠組みがその時々でコンピュータによって選択されうるものになる状況を甘受させられるようになり，特定の論説におうじてつなぎ合わされたりバラバラにされたりすると指摘した (Castells [1996] 2000：492)。つまり，歴史を書物で物語として受容していた古典的近代とは異なる歴史のとらえ方が，インターネット空間の登場と普及にともなって生まれたことをカステルは指摘した。

それと類似の事態が，データベースの登場と普及にともなって，主体形成にかんして生じていることを東は指摘していると解釈することができる。私たちの基本的なものの見方や考え方，東のいうところの「世界像」や「生の技法」がデータベース・モデルになったということである。

6　個人の進歩の変容——独自性の理想と変化した階層構造

古典的近代において明白であった「何になるか」という人生

の目標も，後期近代においては一義的ではなくなった。古典的近代のドイツやイギリスでは，シーメンスの旋盤工，銀行のマネージャー，炭鉱労働者といった職業モデルが，日本では「三菱のサラリーマン」といった職場モデルが一義的な人生目標を提供していた。それが一義的でなくなり，人生にかんして自分で形成してゆかなくてはならない部分が増大した (Bonß u.a. 2004；Beck 1986 = 1998：273-4；Bauman 2005 = 2008：150；竹内 1995：241；伊藤 2008)。このような意味で，人生モデルの脱標準化，多様化が進展している。

　レクヴィッツの「独自性 (Singularität)」の概念は，そのような事態に対応して登場した傾向を巧みに表現したものである。彼によれば，20世紀の初頭から登場しはじめ，戦後から1970年代までの豊かな社会で頂点に達した産業社会においては，標準や普通や一様なものに価値が置かれた。これに対して，1970年代以降に登場し1990年代以降に成熟した形をとるようになった後期近代においては，特別さや唯一性，非凡さなどが賞賛され，独自性に価値が見出されるようになる。レクヴィッツは，特別さや唯一性，交換不可能性や，比較不可能性，卓越性が期待され，生み出され，肯定的に評価され，経験される社会的プロセスのことを「独自化」という概念で表現する。近代の初期段階ではたんに社会の狭い部分でしか存在しえなかった独自化の社会論理は，後期近代では広範囲にわたって確立されてゆく (Reckwitz 2019 = 2023：19-21)。

　独自化の傾向は，その社会に典型的な主体文化においても観察される。この主体文化は，古典的近代における自己規律から，後期近代には自己実現に変化した。西洋の古典的近代における

典型的な主体文化にかんするイメージの主な表徴は，社会的コンテクストへそっと自己を組み込むこと，感情に対する懐疑，社会的義務の遂行のために自己規律を求める努力であった。この主体イメージは，具体的には，金銭をえるために働く，社会的慣習ないし衣食住という理由で結婚する，習慣として結婚生活を続ける，労働からの回復のために余暇活動するといった行為に現象した。これらは，真の自我による真の生活を理想とする後期近代の文化的視点からは欠点として映る。後期近代の主体は，社会的成功に満ちた自己実現を求める。すなわち，自身の願望と可能性のなかで自らを発展させることを第一の目的とするが，それは社会に抗して，あるいは社会の外部で達成されるものではなく，社会のなかで，社会から供給される諸資本——経済資本，文化資本，社会関係資本や物心両面の安定に資する資本——の力を借りることで達成される。つまり，社会的成功とオリジナルな自己実現の両立が目指されている（Reckwitz 2019：206-19＝2023：204-15）。

このような独自性志向の構造は，しかし，必然的に負の側面を負う。それは，独自になりえないもの，それを望まないもの，あるいはそれを許されていないものにかんすることが無価値と見なされることである。また，後期近代の主体に求められる，自己決定に基づく社会的成功という人生は，多くの者にとって実現可能ではない（Reckwitz 2019＝2023：23）。

古典的近代と後期近代との間に見られるこのような人生目標の内容の違いや，目標の実現可能性の程度の違いは，進歩を実現可能なものとして体感できるか否かをある程度規定する。

ドイツでは「平準化された中間層社会」（Beck 1986：142＝1998：

171-2)，日本では「『総中流』化」(町村 2007:446) と呼ばれた，先進国においてある程度共通して観察された戦後社会の階層構造においては，自己規律規範は多くの者にとって遵守可能であり，この規範の遵守者は，多くの場合，経済的豊かさの上昇を実際に実感できた。というのは，戦後から 1970 年代頃までの西ドイツ社会では，不平等が温存されたままであるものの，全体として所得や教育程度が上昇し，階層の上昇移動が起こり，権利も知識も消費も増え，あたかも人々がエレベーターで一階上に上がったような現象が生じたからである (Beck 1986:122＝1998:145)。このような現象は，多少の違いはあれ，アメリカ合衆国や日本，フランスなどの先進国においても観察された (Reckwitz 2019＝2023:73-7; 町村 2007:450-4; Autor, Mindell and Reynolds 2021＝2023:23)。社会の進歩，とりわけ経済や科学技術の進歩が，社会の成員全体の生活水準の上昇を実現し，個人はそれを己の人生の進歩として実感できた。

　ところが，後期近代になると西洋諸国における階層構造は別の形を取りはじめ，独自性と社会的成功の両方の理想を実現することができない者が大量に生み出された。

　まず，階層構造については，古典的近代の中産階級が三階層に分かれた。すなわち，高学歴専門職の「新たな中産階級」[3] と，国家や家族に養われて暮らす者とサービス業プロレタリアートからなる「不安定な階級」と，その間に挟まれた，中等教育修了程度の「古くからの中産階級」である。加えて社会の上位には，1% の「上層階級」が存在する。後期近代の人間は「循環式エレベーター」のなかにおり，新たな中産階級は古くからの中産階級から上に向かい，不安定な階級はそこから下に落ちて

いく。新たな中産階級は自らを社会の進歩と同一視する点で進歩的な階級で，かつ彼らにとって独自性の理想をかなえることは比較的容易である。対する古くからの中産階級は物質的には依然として比較的恵まれているものの，独自性の理想をかなえることは困難である。不安定な階級にいたっては独自性の理想の実現のみならず，社会的地位や所得や安定性も手に入らない（Reckwitz 2019＝2023：84, 92-100, 208）。

　このような状況下，後者の二つの階級において，社会の発展によって損をするという感覚や他の社会集団に追い抜かれるという感覚を抱く者が登場する。取り残されたという彼らの感覚は，ルーティンワークからなる保障された工業世界の喪失，グローバル・サウスの一部の躍進による先進諸国の特権の消失，先進国内における一部の女性や移民の地位の向上，上層階級の顕著な所得上昇による相対的な剥奪感といったものにも起因している（Reckwitz 2019＝2023：105-11, 296-7）。

　加えて，ベックが指摘するように，後期近代において，人は社会問題を個人的問題として個人で解決するよう迫られるようになった。これは，失業問題に端的にあらわれる。古典的近代において，失業は階級の運命とされ，労働運動によって集団的に解決すべき問題であった。ところが，情報技術の進展によって大量失業が生じたとき，失業者や不本意非正規雇用者は自己責任と見なされるようになった。これは，社会が生み出した負の財を個人に帰責したことを意味する。もはや集団としての解決はなされない（Beck 1986＝1998）。

　換言すれば，進歩の主な担い手と責任の所在が，社会から個人に移ったのだ（Bauman 2000＝2001：39）。バウマンはこう述べる。

このような事態において，もはやより良い社会は追求されず，矯正不可能な社会の内部で，個人が自らの立場を改善することが目指される。社会変革に向けた集団的な取り組みの報酬を分け合うのではなく，個人が競争の成果を専有する事態が生じている。その結果，個人の人生の進歩の観念はある社会層においては生き残り，他方で個人の進歩に対する懐疑と「レトロトピア（＝過去への憧憬）」が特定の階層に蔓延する（Bauman 2017＝2018：16-7, 21）。

後者の社会層において，バウマンが描写する次のような未来像の変貌傾向が観察される。すなわち，「未来は希望と期待の住処から悪夢の場に変貌した。言い換えると，仕事とそれに付随する社会的地位を失う恐れ，残りの生活物資や『取り戻した』家財と持ち家を失う恐れ，子供たちが豊かな生活から転落するのを見守るしかない恐れ，自分が骨折って身に着けたスキルが市場価値を奪われていく恐れに満ちた場に変わったのだ。その結果，未来へと向かう道は堕落と退化への道のりに見えるようになった」（Bauman 2017＝2018：14）。

しかも，このような者の割合は，科学技術の発展により，いっそう増える可能性がある。その場合，社会の進歩が個人にとって意味する内容が，古典的近代のそれとは正反対のものになる可能性が登場する。バウマンが指摘するように，特定の階層にとって「『進歩』……が呼び起こすものは，……今にも大惨事が起こりそうだという恐怖心である。『進歩』が話題に上るたびにまず思い浮かぶのは……知的なスキルが必要な多くの仕事がやがてなくなって，コンピュータやコンピュータに管理されるロボットに置き換えられるという予測」（Bauman 2017＝

2018:74) となりつつある。

7 小 括

本章では個人にかかわる時間の変容を見てきた。

後期近代になると，年齢によって区切られた，準備期・活動期・引退期という標準的なライフコースが成り立たなくなり，標準的な手本なしに，自分で作っていかなくてはならない人生の局面が劇的に増加した。これはライフコースの脱時間化と呼ばれる事態であった。時間化され制度化されたライフコースという枠組みの溶解は，時間の時間化を促進する。時間の時間化が意味するのは，時間的広がりをもったプロジェクトという意味での人生の時間化が解消されるということである。

それは，一貫したアイデンティティや，自律——主体が超文脈的に，時間的にも安定して，自ら定めた価値と目的を追求するという意味での自律——が困難になることをも意味する。そうして個人は，日常生活において時間操作ゲームのプレイヤーになる。このプレイヤーは，抽象的で直線的な時間概念という枠組みのなかで決定するのではなく，そのつどの現実的出来事がもつ固有の時間と時間地平のなかからテンポや持続を見つけ出す。

さらに，進歩の観念にも変化が見られた。すなわち，個人の企図によるより良い人生（進歩）という古典的近代の理想は，中身を多少変えながらもある社会層では保持され，別の社会層ではそのような見通しはもてなくなる。こういった事態に科学技術の発展も関与している。

このように見てきたところで明らかになるのは，時間の経過とともに進歩する存在，かつコンテクストを超えて通時的に安定した自律的な存在としての個人は，直線的な時間に強く刻印された，古典的近代に特徴的なあり方であったということである。

［注］

1) 横ばい傾向にあった要因としては，日本の場合，国民皆年金制度が発足したのが1961年で，その後制度としての充実がはかられたこと（厚生労働省 2023a）や，1975年頃まで女性は主婦化の傾向にあった（落合 2019:20-1）ことが考えられる。

2) 経済協力開発機構（OECD）は2024年1月11日に，日本に定年制廃止による高齢者就労底上げを提言した（『日本経済新聞』2024.01.12朝刊）。定年制が廃止されれば，引退期の年齢境界はいっそう曖昧なものになるであろう。

3) この階層は，アメリカ合衆国の都市経済学者リチャード・フロリダの命名した「クリエイティブ・クラス」（Florida 2011＝2014:1）に相当しよう。

社会の時間

　社会にかかわる時間は、いかなる変容をとげつつあるのか。本章では、未来、過去の順に検討し、その後、社会で生じた(とされる)出来事や生じうる出来事の認識のされ方がいかに変化しつつあるのかについて論じる。

1　未来像の変容

1-1　古典的近代における未来

　1章で見たように、古典的近代において社会の歴史(=時間)は、過去─現在─未来という時間の流れが直線として構想されていた。また、ルーマンによれば、キリスト教的な未来像、すなわち現世は終末に終わりを迎え、永遠の神の国にいたるという未来像が解体し、未来は開かれたものとしてとらえられるようになった。開かれた未来の誕生の時期は、17世紀、18世紀後半、フランス革命の頃と諸説あるものの、ともあれこの開かれた未来において、未来はいくつもの可能性をもつ百貨店となり、これら可能性のなかから人はある可能性を選択することができると考えられるようになった(Luhmann 1990:119-21)。

　古典的近代における未来を、ルーマンは「現在的未来(gegenwärtige Zukunft)」と「来るべき現在(zukünftige Gegenwart)」と

に分ける。上述の開かれた未来は，現在的未来に属する。現在
的未来において支配的なのはユートピア的観念で，現在的未来
は希望や懸念を投影する地平として用いられた。未来が共産主
義社会，エコロジー的惨事，あるいはあらゆる支配からの解放
をもたらすことを人は予期した。これははじまることのできな
い未来であり，この未来は現在的未来であり続ける。現在的未
来の開放性，換言すれば未決定性の程度が低くなるにつれ，現
在的未来は来るべき現在と融合し，もはや一つの未来しか可能
でないような限界値へといたる。このような事態は「脱未来化」
と呼ばれる。統計を用いた計算は，脱未来化の技術である。技
術は，来るべき現在を一連の予見された現在に変換する。すな
わち，それは未来の出来事を現在的現在のなかに組み入れ，未
来のさまざまな出来事の間に因果論的で確率論的な結びつきを
仮定し予想する (Luhmann 1990:130-3)。

　ここには，古典的近代における未来の二つの形が示されてい
る。すなわち，ユートピアが描かれる，遠い未来に存在すると
考えられるが，到来することのない未来と，確率統計の技術に
よって脱未来化された，到来すると予想されている未来である。
両者とも，古典的近代においては，未来として直線的時間観念
上に位置づけられうるものとして人々にとらえられていた。

1-2　ユートピア構想の困難化

　ルーマンの指摘した二つの未来のうち，ユートピアが位置す
る未来は，近代が進むにつれ，次第にその存立が危うくなって
いく。

　例えば，マンハイムは『イデオロギーとユートピア』で，次

のように指摘した。さまざまな社会層は，さしあたりいつも，その時々でさまざまに異なった形をとるユートピアと結びつき，歴史を変形する働きをもってきた。これこそ近代史の発展を貫く構造形式であった。ところが，ユートピアは次第に現実に近づき，今やユートピア的なものが破壊されるような段階にさしかかっている。古典的近代の社会においては，「かくあるべし」（ユートピア的なもの）に基づいて，はじめて現在のさまざまな可能性について問うことができ，そこからはじめて歴史への視野が開けた。ユートピアはそのような事柄を可能にしていた。このようなユートピアの諸形態が，今，消滅しつつある。それとともに，人間は歴史への意志と歴史への展望とを失う（Mannheim［1929］2015=1971：323, 366-8, 379-80）。

このように，未来に位置づけられた，現実批判と現実変革の機能をもち，人々に歴史への展望をもたらすユートピアが消滅しつつあることをマンハイムが危惧したのは，1929年のことであった。

ナチズムの経験を経てイギリスに亡命した彼は，1930年代後半以降に「自由のための計画」を主唱するようになる（澤井2004：105-26）。「自由のための計画」は，設定した目標の実現を企図するユートピア的思考と完全に断絶しているわけではないが，より現実主義的に，諸要因の関係を意図的に規制する試みである（Mannheim 1940=1962：181-2, 242）。マンハイムによるユートピア消滅の危惧表明を経ての「自由のための計画」提唱は，本書の関心からすれば，未来の短期化を示している。

1979年には哲学者フランソワ・リオタールが，自由や進歩や啓蒙や理性といった「大きな物語」は，古典的近代において

理論と実践とを正当化する役割を果たしてきたが，今やそれが衰退しつつあると指摘した。この衰退を招いた要因の一つとして，彼は情報化による知の変質をあげた（Lyotard 1979=1986: 7-10, 13-6, 78-81, 97-106；小林 1986）。リオタールにおいて，大きな物語——マンハイム流にいえば未来に位置するユートピア——は理論や実践の正当化機能すら喪失している。また，情報化による知の変質という着想をもう一歩進めると，世界像のデータベース・モデル化という東の指摘（3章5節）にいたる可能性が高いように思われる。

こういった事態を，先のルーマンの技術とユートピアの区分にあてはめるなら，近代が進むにつれてユートピアは，未来に存在するものとしては衰退していったと表現できよう。バウマンは，17世紀から19世紀までは未来に位置するユートピアに向かって生きる世界であったと述べている（Bauman 2007:96）。現在的未来についての支配的観念がユートピア的なそれであるというルーマンの指摘と考え合わせるなら，未来に位置するユートピアの衰退は，現在的未来の消失ないし弱体化でもある。その意味で，後期近代において人間が展望することのできる未来は短期化している。

1-3　非知の領域拡大と見通し可能な未来の短期化

ルーマンの指摘したもう一つの未来，すなわち統計による確率計算の未来はどのような状況にあるのだろうか。

一方で，確率計算による未来は確固たるものとして存続している。歴史学者のディビッド・クリスチャンによれば，20世紀になると，社会学者オーギュスト・コントや経済学者カール・

マルクスなどによる社会についての壮大な学説に限界が見えはじめたものの，社会の詳細な動向については，社会統計がさまざまな病気の流行，異なるインフラの必要性などの重要な問題について指針をあたえることができた。統計は，今日にいたるまで勢いを増してきている。統計情報は，投資の指針，パンデミックに対する備え，経済の管理，気候変動に対処するための枠組み「グローバル気候レジーム」などの複雑系の理解に世界中で活用されている。さらに 21 世紀になると，ビックデータの収集が未来の予測につながると見なされるようになった。コンピュータ技術の進化と普及によって，気候変動から，経済トレンドの進化，パンデミックまで起こりうる未来が探求されている (Christian 2022＝2022：251-5)。

　他方で，来るべき現在としての未来が短期化していると考えられる傾向も観察される。すなわち，現在の延長としての未来の時間幅が，より短くなったと考えられるようになった。それを示す用語は社会学分野では「非知」，ビジネス分野では「VUCA」であろう。

　非知について，まず，その定義を見ていこう。社会学者の井口暁によると，非知とは社会学においては認知的予期の不在や不可能性を意味する。

　他の類似概念との差異を示すことで非知を明確化するなら，まず，非知は誤った，非真の知識としての誤謬とは区別される。誤謬の指摘は，真実へのアクセス可能性を前提とする。そもそも何が正しいかが特定できるからこそ，何かを正しくない，間違っていると識別することができる。これに対して，非知の場合に問題とされるのは，そもそも何が真実で何が間違っている

のかを見分けるために必要な知識自体の欠如である。非知は，その意味で，知識そのものの外部に位置する現象である。

次に，非知はリスクや不確実性とも異なる。リスクは客観的に計算可能なものとされ，行為の結果に対する予測不可能性とコントロール可能性を，よって知の存在を前提とする。不確実性は主観的にのみ評価可能なものとされ，リスクのような確率計算は不可能だが，主観的な予測の形成は可能であり，よって弱い意味での知の存在を前提とする。対する非知は，行為や決定の結果に対する弱い意味での知ですら存在せず，客観的にも主観的にも予測や評価が不可能な状況が問題となる（井口 2019: 154-6）。

非知の増大は未来の植民地化を困難にする。

ギデンズによれば，近代社会はリスク計算によって未来への植民地的侵入を行ってきた。過去，つまり伝統的な物事のやり方と決別し，不確かな未来へ自己を開いていこうとする近代社会では，リスクの概念が中心的になる。保険は近代世界の経済秩序の核となる要素の一つだが，それは彼が未来の植民地化と呼ぶ，時間のコントロールにかかわる，より一般的な現象の一部である。未来は，本質的に知りえないものと認識され，過去から乖離していくが，他方で，反実仮想的な可能性の領域となる。この領域がいったん確立されると，そこには反実仮想的思考やリスク計算を通じて植民地的な侵入が可能になる。完全なリスク計算は不可能だが，宿命が消滅した世界においてはすべての行為が原理的にはリスクの観点から計算可能になる。そうして，先物市場での取引に典型的に示されるように，リスクを能動的に使って「未来」を作り出し，それを植民地化する行動

がとられるようになる（Giddens 1991=2005: 126, 136）。これが，来るべき現在としての未来に対する近代の態度である。

上の参照箇所で，筆者はギデンズの表記通り「近代」と記した。古典的近代においても後期近代においてもギデンズが記した事態は原則的に当てはまると考えたからだ。ただし，後期近代になると非知が未来の植民地化を困難にしてゆく。というのは，井口が指摘するように，非知の現象はますます生態系や科学技術の問題の中核に位置するようになっており，非知の増大はリスク計算に必要な，可能な因果関係とその確率にかんする知を減少させるため，リスク計算自体が困難になるからである（井口 2019: 156）。

非知はいつ頃から拡大したのか。ここでの「拡大」は，人々に「非知」というものが存在すると認知され，その認知が広まる状態を指す。この問いを考えるにあたり，非知にかんする学問——その一例としての非知の社会学——の歴史が示唆をあたえてくれよう。

非知の社会学の第一人者であるペーター・ヴェーリングの知見をまとめた井口によれば，近代社会においては，その誕生期から，科学と知識の漸進的な進歩とそれによる世界の計算可能性とコントロール可能性の拡大に対する絶大な期待と信頼が存在した。それゆえ，社会学においても非知現象に対する関心は部分的に存在したものの，長らく過小評価の傾向が続いた。非知の社会学が急速に発展しより体系的になったのは，1970年代であった。それを促進した主な社会的要因として，環境問題や公害問題や薬物問題の噴出があげられる。それらによって，確率論的リスク評価の限界，科学的知識の欠陥と不完全さ，知

識と非知の同時的拡大といった非知にかんするテーマがますます社会的・政治的対立の重大な焦点となっていき，それに比例して社会学的関心が増大していった（井口 2019:158-62）。

つまり，環境問題や公害問題や薬物問題の噴出と関連する形で，非知は 1970 年代に拡大した。非知の拡大が意味するのは，「未来の植民地化」の困難化であり，見通すことの可能な未来の短期化である。

見通すことの可能な未来の短期化の認識は，学問領域以外でも広まっている。例えば，2010 年代以降，不確実であるという時代認識を示す VUCA という用語がビジネスや行政の領域で取りあげられるようになった。VUCA とは，Volatility（変動性），Uncertainty（不確実性），Complexity（複雑性），Ambiguity（曖昧性）の頭文字をつなぎ合わせた言葉で，現代は，世界がインターネットで結ばれ，どこかで起こった変化が瞬時に広まる不確実な時代であるという認識を示している（経済産業省 2020:42-5, 2023；日本の人事部 2023；廣瀬 2023:77）。この語の普及も，人が見通すことのできる未来の短期化を示している。

ローザによれば，未来の計画を立てるかどうか，立てるのであればどのように，またどの程度先までそれをするのかといったことは，社会的，文化的な環境世界がもつ安定性と予見可能性に強く依存する（Rosa 2005=2022:13）。ということは，後期近代において，社会や文化，そして人間の営みに影響を受ける自然といった環境世界が，相対的に不安定で，長期的な予見が可能だとは考えられていないこと，つまり非知や不確実と認識されていること，このことが未来の計画の立て方，立てやすさ，立てにくさと関連しているといえよう。

以上をまとめよう。近代においては確率論が，線形的な未来という未来像を保証する手段，換言するなら，未来を植民地化する主たる手段である (Luhmann 1990:131-5;Christian 2022=2022:248-9)。ところが，原発問題や環境問題によって認識されるようになった非知の存在が，確率論的に未来を予測することを困難にさせ，未来を非線形的 (nicht-linear) にする (Beck 1986=1998, 1988, 1996:298, 2016=2017)。非線形，すなわち連続的な直線的でなくなるということは，未来が見通しにくくなること，換言すれば，見通すことのできる未来が短期化するということである。非線形性については，次節でさらなる説明を加える。

1-4　社会学理論における非線形的未来

非線形な未来を理論に組み込もうとする社会学も登場している。ベックやジョン・アーリの理論もそれらに含まれる。

まず，ベックの場合，彼の再帰的近代化論自体が非線形な理論である。従来の近代化論では，人が目標の達成を目指して行為することで社会が直線的に発展するという前提が存在したが，彼の再帰的近代化論は，進歩には「意図せざる結果」たる副次的帰結がともない，この副次的帰結自体とそれへの対応とによって社会の歴史が再帰的に展開する部分が後期近代になるほど増大すると見なす。例えば，科学技術の進歩により工業生産が促進され，社会は物質的により豊かになるものの，他方で副次的帰結として公害などの環境問題が発生し，それへの対処を迫られるようになるといった，一連の動きによって社会は非線形的に展開する (Beck 1986=1998, 1996:298;Beck, Bonß und Lau 2001;伊藤 2017)。

加えて，遺稿で提唱されたメタモルフォシス理論における「未来」は，彼のいう「従来の社会学諸理論」とは次の点でいっそう異なる。すなわち，彼曰く，従来の理論やその経験的研究では，社会システムの再生産に焦点があてられ，未来は過去の経験の一部として概念化されるため，過去と未来の間には，根本的な断絶はなく，線形的 (linear) な延長と見なされる。現在の社会が未来を支配し，植民地化して，未来をコントロール可能なものにする。古典的近代においては，事実としても理論としてもそれが可能であった。しかし，後期近代になると近代性が連続性と決別し，過去や現在を用いて未来を語ることができなくなるため，未来そのものに焦点をあてなければならない。社会学は，未知で不可知の未来に向かって新たに自らを方向づけせねばならない (Beck 2016:2, 50-1, 70＝2017:2, 57-8, 80)。

　彼の指摘は，未来の現在からの断絶を，換言すれば，来るべき現在の時間幅の相当な短期化を意味している。

　次に，アーリの場合，彼の『〈未来像〉の未来』(Urry 2016＝2019) の重要な論点は，社会学者の吉原直樹によれば，複雑性の思考を援用しなければアプローチできない予測不可能で相互依存的なものを未来の制作・創出においてどう組み入れるかであった (吉原 2022:50)。

　アーリの複雑性の理論が明らかにしているのは，未来が個々のアクターの行為や持続的な社会構造に還元できないことであり，そこでは変化は非線形的である。彼によれば，非線形性はカオス理論，複雑性とともに，複雑性科学として知られるようになっているもののパラダイムを構成している。複雑性科学は，過去の微細な変化が現在ないし未来に多大な影響をもたらすか

もしれないという考え方をとる。有名な例がバタフライ効果で，これはある場所の非常に小さな変化が非常に大きな気象影響をもたらしうることを意味している。単純化するなら，何らかの出来事の原因と結果の間には一貫したつながりが存在しない。むしろ，変数間のつながりは非線形的で突然の転換が起こる可能性があり，よって同じ「原因」からある特定の状況下でまったく異なる種類の結果が生じることにもなる。非線形性は，物理的世界のみならず，社会とグローバルなものの領域においても観察される。とりわけ情報革命と輸送革命の速さ，範囲，深さによって，世界中でそうしたグローカル化する諸関係の相互依存的，非線形的な影響が高まっている（Urry 2003=2014:27, 35-6, 72-3, 155, 2016=2019:78, 80）。

　つまり，グローバル化が進展した社会において，社会の変化は，線形的なものとしてとらえることはもはやできず，非線形なものとしてとらえ，非線形性を取り入れた複雑性の理論を用いつつ，未来の制作・創出を考えようというのがアーリの立場である。

　このように，ベックやアーリは非線形な未来という像を描き，これを線形（＝直線）的なそれとは異なるものととらえている。複雑性の理論に基づいて描かれる社会変化は，古典的近代において優勢となった時系列的な因果関係という概念，すなわち諸々の要因の間に直線的な連鎖関係があるという認識の仕方（Crosby 1997=2003:46-8）で描かれるそれとは異なると考えているからであろう。

　もっとも，非線形性が生みだす時間は，線形的な時間とさほど異ならないものになる可能性も指摘されている。というのは，

データサイエンスは，近年，線形モデルのみならず，複雑系の非線形モデルも採り入れ，近未来予測を行っているからである（佐藤 2021:81;Christian 2022=2022:251;笹原 2021:3）。非線形時系列解析は，「過去や現在の状態から将来の状態が決まる非線形力学系から生成された時系列データを主な対象とした時系列解析」（平田・陳・合原 2023:1）だと説明される。ここでは未来が過去や現在の延長としてとらえられている。よって，導き出される未来像は，過去や現在の延長という点では，線形的な因果関係に基づいて導出される未来像と変わらない可能性がある。環境哲学者の佐藤麻貴は，両者は，データ化されることで，ある時間に把握された状態を「静態」ととらえ，それを基準として事象を把握しようとし，現在を未来の延長と考える点において同じであると主張する（佐藤 2021:78-85）。

　しかし，ベックやアーリが複雑性理論に基づいて想定する「未知の未来」と，データサイエンスが予測可能とする「未来」とは，少なくとも次の二点において異なると考えられる。一つは，未来を現在の延長ととらえるか否かである。もう一つは，少なくとも現時点では，その想定する時間幅が異なる。というのは，先の参照部分から判断するならベックやアーリが問題としているのは比較的先の未来なのに対し，非線形モデルを採用したデータサイエンスが現時点で対象とする，ある程度正確な予測が可能な未来は，ごく近い未来である。すなわち，非線形時系列解析は将来の状態の予測という点でまだ発展途上であり，複雑系科学に出自をもつネットワーク科学と社会学とが接近して原型が作られた計算社会科学は，将来の予測は非常に困難だが，現在や少しだけ先の未来の状態の予測は可能な場合があるといわ

れている（平田・陳・合原 2023:8-9, 135；笹原 2021:3-4, 11-2）。

1-5　並存する複数の未来像

　上述のような非線形な未来像が登場してきたとはいえ，それが現状で支配的未来像と化しているわけではない。大別するなら，現状では，三つの未来像が並存・競合しているように思われる。[1]

　一つ目は，地球温暖化などの環境問題を鑑み，「進歩」は困難ないし不可能であるとする未来像である。

　先述のベックもここに含まれるが，ここではレクヴィッツの議論を紹介する。彼によれば，21世紀における社会全体の発展が，喪失の経験をもたらす（あるいはすでにもたらした）ことを人は覚悟せねばならない。啓蒙主義以来，政治的，社会的な発展の尺度として用いられてきた進歩の概念は，無限の未来に向けた物質的豊かさの向上を普通のことと見なしていた。しかし，エコロジー問題の高まりは，物質的により豊かな社会への展開というモデルの喪失にいたるであろう。破局の予期が発展的に展開する未来像を消滅させる可能性もある。そうなると，進歩という古典的な概念そのものの改定が21世紀においては必要となる（Reckwitz 2019:304=2023:296-7）。

　二つ目は，バウマンがレトロトピアと呼ぶ，過去にあったとされるものに郷愁を覚え，それを復活させようとする未来像である。

　彼によれば，今やユートピアに代わり，過去のなかから複数のレトロトピアが出現しつつある。そのうちの一つが，同族集団をモデルにしたコミュニティの復権である。このレトロトピ

アのイメージは，選択的な忘却と記憶とが行われる過程で再生利用され，修正が施される。貧しく見捨てられたと感じている人々がこの像の支持者で，彼らにとって「進歩」は，今にも大惨事が起こりそうだという恐怖を喚起し，自らの社会的地位の低下を連想させるものである。政治は，いったん未来を形成する力を剥奪されると，集合的な記憶の空間に移動する傾向がある。優越心という殻に閉じこもった同族集団の成員は，過去と対話しようとする。この思考様式は，「私たち」と劣等性を付与された「彼ら」，例えば「生粋の善良なフランス人」と「郊外に住む非道徳的で暴力的で危険な移民」への分断に端的にあらわれている（Bauman 2017=2018：12, 17-8, 66-7, 74, 77-8, 87）。

　三つ目は，啓蒙以来の進歩は続くとする立場である。

　その例として，ここでは全米でベストセラーになった心理学者スティーブン・ピンカー著『21世紀の啓蒙』を取り上げる。同著は，進歩に悲観的な諸思想——上述の二つの立場もそれに含まれる——を反駁する目的で執筆された。彼によれば，啓蒙主義以降，人類はさまざまな分野で進歩してきた。それを示しているのが，寿命の延び，健康の改善と医学の進歩，人口増にもかかわらず改善している食糧事情，富の増大と貧困の減少，平和，安全など，さまざまなテーマについての膨大なデータである（Pinker 2018=2023a, 2018=2023b；草思社 2023）。

　環境問題を例に彼の考えを見ていこう。彼によれば，その他の問題と同様，正しい知識があたえられれば環境問題も解決できる。工業化が人類に利益をもたらす点を評価すべきで，ある程度の環境汚染は不可避だが，人類が環境におよぼす損害は技術力で縮小可能である。事実，国も人も技術が進歩し豊かにな

るにつれ，環境により関心を向けるようになり，環境に損害を
よりあたえない技術的方策を考案してきた。現在，人がより良
い環境を享受できるのは，環境改善に努めた先人の議論や運動，
法整備，規制，条約，技術的工夫のおかげである。そうした努
力をより進めることで，進歩の成果を維持し，進歩の後退を防
ぎ，今なお直面する困難な問題にも進歩をもたらすことができ
るであろう。つまり，人類に利益をもたらす工業化を評価し，
さらなる進歩を目指すべきで，それにより生じる問題は解決可
能だというのが彼の基本的な考え方である（Pinker 2018=2023a：
208, 273-9, 297-8, 345）。

　彼は，進歩を単純な単線的過程としては描いていない。彼に
よれば，進歩の過程である問題を解決すると，その解決策から
新たな問題が生じるのがつねで，後退や停滞が生じるが，その
問題も解決されれば再び前進する。進歩の過程で過去の問題を
解決したがゆえに問題が生じたとしても，長期的な前進と短期
的な後退の間でうまく折り合いをつけてゆくなら前進につなが
る（Pinker 2018=2023a：109-10, 2018=2023b：231-2, 272-4）。この進歩
思想においては，ユートピアのような，現状との断絶は想定さ
れていない。

　また，彼の進歩は後退しても長期的には前進するものである。
「その解決策から新たな問題が生じる」（Pinker 2018=2023a：109）
という考えは，ベックのいう副次的帰結と同じである。よって，
同じ事態をピンカーは進歩の存続，ベックは進歩モデルの終焉
（Beck 1986：344-5, 358＝1998：427, 441）と解釈していることになる。
これは，人間によるコントロールがどの程度可能と見るかによ
る未来像の違いであろう。

彼の思想の特徴は，知識や技術の力で問題は最終的には解決可能とする点にあり，非知は彼の念頭にはない。また，副次的帰結が理論に組み込まれている点や，統計データや実証的エビデンスを堅く信奉する点で，ピンカーの進歩は改訂版進歩思想と呼ぶことができよう。

1-6　制度としての未来

このように三つの立場の並存状態が観察されるものの，より俯瞰した場合，「未来」はどのような状態にあるといえるのか。この問いを，制度としての未来という若林の着想を借りて検討したい。

彼によれば，私たちが今でもなお未来主義者であり，未来の神話を信じているのといえるのは，20世紀の世界が未来の神話のもとに近代的な未来を制度化し，その制度が21世紀の今でもなお作動して，私たちをとらえ続けているからである。ここでいう制度とは，ある社会で多くの人々に共有され，その行為や関係に一定の形式と意味をあたえる行為，態度，観念の様式のことをさす。

未来が社会における制度をなすのは，次の四点においてである。第一に，私たちは時間と歴史を「過去─現在─未来」を基本的なカテゴリーとする不可逆的過程とする時間の地形を受け入れている。第二に，そのような時間の枠組みを前提として，国家や企業や団体や国際機関が長期的な目標やヴィジョンを提示し，そのための「計画」や「戦略」や「プロジェクト」を立て，「予算」を組み，それによってより好ましい「成長」や「発

展」や「進歩」を現実化しようとし続けることが，あるべき好ましい姿とされている。第三に，科学や技術や教育も，「成長」や「発展」や「進歩」を可能にするための基礎を作り，またその最先端を開いてゆくための機関として位置づけられている。第四に，そうした時間性と政治，経済，科学知のもとで，文化や風俗や日常生活の領域でも，未来は支配的な価値を獲得している。それは，「未来」を届ける電化製品や電子機器，最新鋭技術に支えられたビルや交通システムなどにおいて観察されうる。このように，未来は現在でも制度たりえている（若林 2014: 174-8）。これが若林のいう，制度としての未来の内実である。

　これら四点を，本書のこれまでの論述を踏まえつつ再検討してみよう。第一の点の時間の地形は，これまでに見たローザや東の論考を考慮に入れるなら，少なくとも部分的には疑わしいものになりつつある。

　第二の点，すなわち国家や企業や国際機関の計画志向は相変わらず強い。「防災・減災，国土強靱化のための 5 か年加速化対策」（内閣官房 2020），「女性活躍推進法に基づくトヨタ自動車株式会社　行動計画」（TOYOTA 2023），国際連合における国連開発計画，国連環境計画，国連人間居住計画（国際連合広報センター 2023）のように，政府や企業や国際機関はデータに基づいて現状を把握し，未来を計画している。

　第三の点については，一部の人文社会科学において進歩に対する疑念が表明されている[3]ものの，工学的な自然科学や政策科学を中心に，進歩する未来像は依然として強い影響力を持ち続けている。例えば，人工知能やデジタル・トランスフォーメーションによる変革を見据えた社会の実現に必須のものとして耳

目を集めている計算社会科学は，ビックデータと数理手法を組み合わせ，現在や少し先の未来の状態の予測（Nowcasting）を得意とする（笹原 2021：11-2；鳥海 2021：i）。

第四の点は，ローザのいう「時間の時間化」が強まっているとするなら，ビル，交通システム，電子機器などが表徴する内容が変化しつつある可能性がある。すなわち，それらは進歩する「未来」ではなく，その瞬間，瞬間に提供された「情報」を表徴していると人々に解釈されるようになりつつあるかもしれない。

以上から，国家や企業や国際機関，および進歩への貢献が期待されている諸科学を中心に，進歩する未来は制度として存続しているものの，それはかなり短期化した未来であり，また進歩する未来という表徴の影響力が弱まった領域も拡大しつつあるといえる。

2 過去像の変容

2-1 一元的な過去

過去にかんする時間も変化しつつある。

このテーマの検討を，社会学における記憶論からはじめよう。過去をいかに想起するかというテーマに社会学分野で取り組んできたものの一つが，集合的記憶論である。モーリス・アルヴァックスは，記憶を，他者とともに出来事を銘記し，それを他者とともにアクセス可能な公共的な手掛かりのなかに保持し，それらの手掛かりを用いながら他者とともに想起するという集合的現象としてとらえる（浜 2007：184）。彼曰く，「人が想い出

すのは，自分を一つないし多くの集団の観点に身を置き，そして一つないし多くの集合的思考の流れの中に自分を置き直してみるという条件においてである」(Halbwachs 1950=1989:19)。

　上記引用箇所で，アルヴァックスは「一つないし多くの集団の観点に身を置き」と記しているが，ここでは過去を想起する際に身を置くのが「一つ」の集団の観点なのか，それとも「多く」の集団の観点なのかによって過去像に違いが生じる点に着目したい。

　広島への原爆投下という出来事を例にとろう。日本人は，広島の原爆投下という出来事を平和記念公園や毎年8月6日に開催される原爆記念式典などを手掛かりとして想起し，その歴史のなかに自己を位置づける。日本人にとって広島への原爆投下という出来事は，多くの命が「犠牲になった」痛ましい出来事である。対して，アメリカ合衆国ではワシントンDCにあるエノラ・ゲイの機体を眺めることで，第二次世界大戦に最終的に勝利をもたらし，多くの人の命を「救った」出来事として想起される。さらに，在日朝鮮人にとっては，平和記念公園にある韓国人原爆犠牲者慰霊碑や韓国人原爆犠牲者慰霊祭によって，「日本国民」として「死なねばならなかった」出来事として想起される。つまり，原爆投下という出来事は，それぞれの集団によって，それぞれの記念式典やモノを手掛かりに，それぞれ異なるイメージをともなったものとして想起される（浜 2007:192-7)。

　ナショナルなマス・メディアは，国民単位での集合的記憶の想起を手助けする機能を果たしたであろう。若林は，進歩的な未来像が成立しそれが存続するにあたり，古典的近代において

はネーションが重要な役割を果たしたと指摘するが，これは過去にもあてはまるのではないか。このことを以下で検討したい。

　まず彼の説を参照しよう。ヨーロッパではルネサンス以降の社会の文化的，宗教的，政治的，経済的，技術的な変動が人間存在の自然や共同体からの解放をもたらし，経験の空間に基づく期待の地平の安定的な構造を流動化していった。そうした流動化や不安定化が，バラバラで混乱した無秩序なものではなく，自由や富や知識などの肯定的な価値が増大してゆく一定の方向性をもつ過程にあるものとして了解される時，「進歩」の観念が成立する。

　進歩の観念は，流動化，不安定化した社会が個々の出来事を規則だった一連の過程として了解することを可能にする意味論である。そして，古典的近代において実際に進歩の担い手＝主体として登場したのは，具体的な言語や歴史や領土の共有に媒介された「想像の共同体」たるネーションであり，ネーションの国家としての近代国民国家であった（若林 2014:160-1）。

　進歩の観念は，現在の時点から過去を記述する際にも適用された。すなわち，過去も，国民国家の進歩の歴史として，その筋立てに見合うよう個々の出来事を解釈し，筋立てから外れるものを除外することで，描かれ国民に共有されたのであろう。他国との間で，あるいは国内で，国民国家の歴史にかかわる出来事の解釈や，そもそも出来事が生じたか否かについての認識にかんする論争が生じたのは，その証左であろう。その例として，1991 年に一人の韓国人元「従軍慰安婦」が実名で名乗りでて，日本政府の謝罪と補償を求めたことからはじまった歴史教科書論争（浜 2019:170-2）や，戦後の西ドイツの歴史家や哲学

者の間でなされた，ナチズムがもたらした「ドイツの悲劇」を歴史的にどう跡づけるかをめぐる「歴史家論争」(佐藤 1987) があげられる。

ギデンズが，近代の歴史記述は，それとは対照的な解釈にさらされる可能性があるとはいえ，一元的な (unitary) 過去を充当利用する (Giddens 1990:20-1=1993:35) と述べたのは，この意味においてであるといえよう。

2-2 過去の複線化

上述の事例において広島への原爆投下という過去の想起は，日本人と在日韓国人とアメリカ人，それぞれ「一つ」の集団の観点においてなされ，一元的な過去の充当利用が可能となっていた。しかし，複数の集団の観点に身を置く者，例えば日本人と在日韓国人とアメリカ人にルーツをもつ者にとって，広島への原爆投下の想起は異なる形でなされるであろう。

国民国家と長期雇用，一生涯続く家族の時代には，一つの国民国家，一つの会社，一つの家族というように，一つの所属集団において過去を想起することは比較的容易であった。しかし，複数の集団や地域を移動する者や複数の集団に同時に所属する者の増加，国際カップルや異教徒間カップルのような出自の異なる者同士から生まれた子どもの増加，(外国人の) 卵子や精子や腹の提供によって生まれた子ども——例えば，スペイン人の精子とポルトガル人の卵子とインド人の代理母とによって生まれたドイツ人カップルの子——の増加などによって，「一つ」の集合的記憶はその成立が困難になる (Beck und Beck-Gernsheim 2011=2014:288)。換言するなら，相対的に不変的な，集団内で

同一の過去という過去像が成立する基盤が失われる。

加えて，パーソナル・メディアによる時間のパーソナル化も，集合的記憶による想起を成立させにくくする。過去の想起がパーソナル化すると，「集団が過去の出来事・人物・環境，さらには集団自身に関して現在において想起する観念・イメージ・感情」（大野 2010:642）たる集合的記憶が依拠する，「集団が想起」という前提が脅かされるからである。若林が指摘するように，ユビキタスなコンピュータの使用は，歴史的に形成された物語的環境やそれと結びついた集合的記憶，それらを活性化する儀礼や祭礼や行事などに拠ることなしに，個々人がその目的と嗜好に基づいた情報を引き出し，環境をいわば「カスタマイズ」することを可能にする（若林 2010:195）。

それは，（教科書や儀礼や祭礼や行事などを通じた記憶や想起によって個々人の意識のなかに形成された）社会の歴史のなかに自己の生を位置づける過程から人が解き放たれること，あるいはそういった過程自体が弱体化することを意味する。

では，人はどのような時間のなかに自己の生を位置づけるようになるのか。

ベックらは，集合的記憶に自己を位置づけるのではなく，さまざまな記憶の系譜が同時に存在し，それらがたがいに関連づけられながら自己を位置づけることになると指摘する（Beck und Beck-Gernsheim 2011=2014:288-9）。古典的近代の直線的時間において，時間は一直線なものと意識され，過去も基本的には一本線として意識された。これに対し，移動の増大や情報のパーソナル化によりさまざまな記憶の系譜が存在するようになることで，過去に関する時間は次のような変容を被る可能性があろ

う。すなわち，まず，現在という地点で私が過去を顧みたとき
に，もはや一元的な過去ではなく，過去の記憶を形成する複数
の情報が詰まったストックが存在するように意識される。ストッ
クされている情報は，リアルな世界からも仮想空間からも供給
される。それらの情報から一つないし複数の「過去を形成しう
る情報」がその時々で選択される。

このように，個人や中間集団（家族，会社，地域社会など）
や社会や国の過去は，その一元的な充当力が弱まりつつある。

さらに，単線的な近代化論から，近代と西洋化とは同一では
なく，近代は多様でありうるという考え方，すなわち複数の近
代 (Eisenstadt 2000:2-3) という考え方への認識枠組みの変容も，
歴史認識に多様な解釈を許す余地をあたえる。あるいは，ベッ
クらのような，多様なのは「近代」ではなく，近代化の「過
程」であるとする理論 (Beck and Grande 2010:416) も同様に多様
な解釈の余地をあたえる。

例えば，日本の近代化は，単線的近代化論で考えれば，欧米
型の近代化の後を追う歴史認識（「遅れた近代化」）になり，そ
こから外れるように思われる出来事は「逸脱」や「特殊性」と
してとらえられるか，場合によっては「出来事」としてすら認
識されないであろう。しかし，複数の近代化の過程という考え
方をとるなら，日本は，欧米型の近代化であるのか，それとも
中国や韓国のような「圧縮された近代」(Chang 2010:23) である
のか，両者の中間形態である「半圧縮近代」(落合 2023:273-373)
の形をとっているのかといった解釈の余地が生まれる。その結
果，「遅れた近代化」の視座においては「逸脱」ととらえられ
ていた出来事に別の解釈の可能性が浮上する。

これらは，過去を示す直線が潜在的には複数存在し，過去は
その複数の直線のなかから選択により書き換え可能なもの，加
工可能なものと意識されるようになる可能性を示している。す
なわち，書き換え可能という意味での過去の複数性がごく普通
のこととして意識されるようになる可能性がある。例えば，上
述の歴史教科書論争は，日本においてそのような意識が成立す
る一つのきっかけを提供することになったであろう。社会学者
の浜日出夫がまとめているように，従軍慰安婦の強制連行は，
その時々で，あるいはそれぞれの人物や立場によって，過去に
生じた「出来事」と認定されたりされなかったりし，また，歴
史教科書へ記載されたりされなかったりしてきた（浜 2007:175-
6）からである。

　加えて，古典的近代においては，所与の社会の時間のなかに
個人の人生が位置づけられていたが，後期近代において，この
所与は，個々人にとって確固とした定数として，あるいはある
社会成員に共有された所与としては存在しえなくなる可能性も
ある。

　こういった傾向が促進されると，歴史は，複数の出来事が時
間的連なりをなす直線としてすらイメージされなくなり，出来
事となりうる諸々の情報が平らな地平に並存し，その時々で歴
史的事象として抽出されるといったイメージになる可能性もあ
ろう。この点について次節で論じる。

3　時間軸上への時系列的位置づけから地平上への並置へ

　未来も過去も，連続的な直線のイメージで脳裡に描くことが

次第に困難になり，別のイメージで描かれはじめたことを上で指摘した。ここでは，このような事態をより俯瞰して見る視座を，ルーマンやローザの論考を手掛かりに獲得してゆきたい。

　まず，ルーマンによれば，近代社会は自己を時間次元において同定する（Luhmann 1992=2003:4）。それは，社会のみならず個人にとっても同様であろう。3章で指摘した生の技法のデータベース・モデルへの変化や状況的アイデンティティ，本章で指摘した社会の未来の短期化や過去の複数化は，時間次元における自己の同定の困難化と解釈できる。

　また，ルーマンは近代社会が自己を「近代的」と称するとき，過去との差異という関係を用いて自己を同定するとも述べる（Luhmann 1992=2003:4）。「近代的」を「進歩的」と同義とするなら，古典的近代の社会や個人は過去との差異を用いて自己の進歩を記述していたことになる。それも困難になりつつあることを，本章で論じた事態は示している。過去との差異を認識するには，過去が一元的に同定されなくてはならないが，上で述べたように，過去（の出来事）は想起時点の状況によって可変的な，その意味で多元的なものになりつつあるからだ。

　さらに，ルーマンは，1800年頃には近代社会の新たな構想を事象に即して記述することの不可能性を，未来の投企によって補完していた可能性を指摘する。げんにそれ以来（1992年当時の）現在にいたるまで，近代という未完のプロジェクトについて語られ続けており，技術的な事柄についても人間的な事柄についても，全体社会は未来を投企することを通じて自己を記述してきた，と（Luhmann 1992=2003:95）。つまり，現在において未だ招来していない新たな構想を未来へ投企することで，社

会の自己記述は可能になった。このことは，社会のみならず個人にもあてはまると考えられる。

　これは，逆にいえば，未来への投企が不可能になれば，そのような自己記述が困難になることを意味する。「ひきこもり」当事者への聞き取りから，現在と未来をつなぐライフコースの展望が断たれることで，彼らの人生における時間の流れがとまることを指摘する研究がある（関水 2011:69）。これはひきこもりにおける未来の投企の不可能性を指摘しているが，未来の投企の不可能性は，置かれた状況によっていかなる人間にも生じうる。例えば，セネットは，幾度もの転職を余儀なくされ，将来的にも転職が続くであろうと予想される元 IBM のプログラマーたちにおいて，一貫性のある人生の物語を紡ぎだす試みは頓挫することを指摘した（Sennett 1998=1999:188-93）。とするなら，3章や本章で言及した未来の不可視化傾向は，個人や社会の「近代的な」自己記述を困難にすることが推察できよう。

　次いで，ローザによれば，グローバル化や情報革命，コミュニケーション革命というキーワードで記されてきたプロセスは，社会的時間の形式と知覚を変化させる。時間はその単線的（uni-linear）で，方向づけをもたらす性質を喪失しはじめる。というのも，継起と時系列との連関が段階的に解体しているように見えるからである（Rosa 2005:168=2022:127-8）。[4] カステルは連続化の排除が代り映えしない時間を生み出し，それは永遠にも等しいものだと述べた（Castells [1996] 2000:494）。ここから明らかになるのは，少なくともいくつかのコンテクストでは，（時系列的）時間はその方向づけをもたらす機能を喪失するということである（Rosa 2005:170=2022:129）。

それは，最終的には歴史の脱時間化にいたるとローザは見ている。

　後期近代において，さまざまな行為，出来事，結びつきにかんする持続，連続，リズムとテンポが，行為や出来事の遂行のなかで，つまり時間それ自体のなかで決定されるようになった。これは「時間の時間化」と名づけられた。時間の時間化は，後期近代の政治のコンテクストにおいて歴史の脱時間化にいたる。歴史は，方向づけられた，政治的に加速可能な，動態的プロセスとしてはもはや経験されず，むしろ前後および並列的に生じているいくつもの歴史からなる，およそ「静態的な」一つの空間という形態を（近代以前の社会のように）再び取ることになる（Rosa 2005=2022：292，343）。

　時間のなかで実現可能なものと考えられたユートピア構想の前提は，自身の歴史的な状態を方向づけられた変動のなかにあるものとして見ていたことにある。ところが，後期近代には，むしろさまざまな代替的な政治形態からなる一つの静態的な空間を生み出している。さまざまな政治的な○○主義（共和主義，社会主義，自由主義，保守主義など）は，もはや不可逆な発展を要請してもいない。むしろ，没時間的であると同時に同時的なものとして経験される可逆的な代替的選択肢を指しているだけである。そのつど次に何が到来するのかは，もはや進歩論的にも，歴史哲学的にも予言することはできず，今やつねに時間のなかで，すなわち政治的な遂行それ自体のなかで意思決定される（Rosa 2005=2022：343-4）。

　ここから帰結するのは，歴史の終焉という認識である。これは，進歩の理念が中心におかれ，方向性をあたえられ，時間化

された古典的近代の歴史が終わったということ，そしてかつて非同時的と考えられていた歴史の諸形態が，時間なき同時性を帯びた代替物となる事態である。君主制，民主制，国家形成，国家の崩壊，植民地化，脱植民地化，法治国家，社会国家などは，もはや特定の歴史的な発展段階を意味するものではない。この歴史の終焉という認識は，政治のコンテクストのみに生じるものではなく，それと同型のものを，「時間化された」日常の時間や人生の時間の個別の経験のなかにも見出す（Rosa 2005：478=2022：396-7）。後者については，すでに3章で見た。

　以上のローザの指摘のうち，本書の関心にとって重要なのは，後期近代において，時間が単線的な性質を失ったこと，生じる可能性のある出来事が，時間軸上ではなく（可能態として）地平上に同時（かつ無時間的）並列的に存するように，人々に知覚されていることである。この指摘を本章のこれまでの記述とあわせて考察するなら，現在という地点から展望した場合，未来のイメージは，直線的で単線的な時間軸上の先に位置するものから，静態的な地平に諸々の可能性が並存するものへと変化しつつあるといえるだろう。

　これは，認識図式の変化を示している。1章で見たように，中世ヨーロッパの人々にとって，ある時代からある時代への移行は，急に，そして唐突に訪れるものであったが，数量化革命の後，時系列的な因果関係，すなわち諸々の要因の間に直線的な連鎖関係があるという認識への変化が生じた（Crosby 1997=2003：47-8）。これは，中世から近代への移行過程で，物事の変化の認識図式が変化したことを示している。今，再び認識図式が変化しつつあるとすれば，ローザの指摘は，人々のもの

のとらえ方が，均等に進行する時間の変化を基盤とする，直線的なそれから，別のそれに変化しつつあることを示している。

この転換は過去にもあてはまりうる。現在の地点から過去を振り返る際の「過去」のイメージは，もはや時間軸上に時系列に配列されるという意味での直線的でも単線的でもなく，未だ出来事たりえていないが，想起という行為によって過去の「出来事」へと変換されうるという意味で，出来事の諸々の候補が並存する静態的な地平イメージへ変化しつつある可能性が指摘できる。その過去は，当人が置かれている（想起の手助けをする装置を含む）状況次第で，その時々でさまざまに想起されうるような，相対的に可変的な過去であろう。

ローザの示す，歴史の諸形態が時間なき同時性を帯びた代替物となる事態は，東のいう「データベース消費」と形が似ているように思われる。東は，オタクの行動を事例にデータベース消費をこう説明する。ある作品を消費するとは，単純に作品（小さな物語）を消費することでも，その背後にある世界観（大きな物語）を消費することでも，さらには設定やキャラクター（大きな非物語）を消費することでもなく，そのさらに奥にある，より広大なオタク系文化全体のデータベースを消費することへとつながっている，と。古典的近代から後期近代への流れのなかで，私たちの世界像は，物語的で映画的な世界視線によって支えられるものから，データベース的でインターフェイス的な検索エンジンによって読み込まれるものへと大きく変動している（東 2001:77-8）。

このデータベース消費の特徴を，東は次のように説明する。

古典的近代において，小さな物語たちは，大きな物語から意

味づけをあたえられた，同じ世界観を反映した作品群であった。それらの作品群には，オリジナルだと見なされるものと，コピーにすぎないと見なされるものとがある。両者を区別する基準は，オリジナリティの感覚である。ある作品に宿るオリジナリティの感覚とは，その作品の存在を生み出した「儀式」の「一回性」によって生み出されるものであり，コピーはその感覚を無効にする。オリジナルを前にしたとき，鑑賞者はそこに何か作品を超えた「儀式」とのつながりを感じるのに対し，コピーにはそのつながりがない。オリジナルとコピーの区別は，儀式とのつながりの有無によって決定される。

　ところが，後期近代においてオタクに代表される人々は，小さな物語と大きな物語という二つの水準を特段つなげることなく，バラバラに共存させていく。つながりの有無という基準自体が失われ，オリジナルもコピーも価値は変わらなくなり，すべての記号が根拠をもたず浮遊しはじめる。ここには大きな非物語という設定の集積があり，小さな物語たちは同じデータベースから組み合わせによって無限に紡ぎだされる作品＝シミュラークル（模倣品）である（東 2001:79, 84-5）。

　さまざまな可能性（政治であれば，共和主義，社会主義，自由主義，保守主義など）の並存というローザの指摘は，東のいうデータベースで考えると理解しやすい。であれば，ローザのいう空間的な並存とは，ニュートン的な絶対空間というよりは，むしろデータベースに複数の可能性が並存し保存されているイメージなのだろう。

4 小　括

　本章をまとめよう。

　古典的近代において，社会の時間は過去から現在そして未来へと直線上に進歩するものとして構想され，また未来は開かれたものとしてとらえられていた。未来は，ユートピアとして，すなわち希望や懸念の投影として構想され，また，確率計算によって未来のさまざまな出来事が因果関係で推計された。ところが，20世紀が経過するうちにユートピアを構想することは次第に困難になり，20世紀の第四四半期以降，科学技術進展の副次的帰結が「非知」の存在に人々の関心を向けさせたことで，確率計算によって示される未来像に対しても疑念が抱かれるようになった。見通すことのできる未来は短期化し，未来は線形ではなく非線形なものとして認識される可能性も指摘されている。とはいえ，直線的な未来像は「制度」として，とりわけ社会の中心部で存続している。他方，古典的近代において一直線に構想されえた過去についても，複数の過去というイメージが登場してきた。

　さらに，時間は，未来についても過去についても，時系列的な時間上ではなく，静態的な地平に出来事（の候補）が位置するようなイメージに変化しつつあるという指摘もある。

✒[注]
1)　分類にあたり，レクヴィッツの以下の記述がヒントになった。

すなわち，社会的進歩の物語を紡ぐリベラルな物語は，1990 年以降数年前まではいたるところに登場していた。現在影響力を行使しているのはディストピアやノスタルジアである。これに対して，彼は第三の立場をとる（Reckwitz 2019＝2023:9-29）。ただし，本書はレクヴィッツのような時期的変遷よりも並存関係に注目している。

2) 1980 年代以降のポストモダン思想の流行は，「大きな物語」の衰退や進歩観の終焉を人文社会科学の世界にもたらした。理系分野では，それほどの影響は受けなかったものの，統計的データや実証エビデンスをどこまでも信奉する「数理主義」を出現せしめた（西垣 2023:71-3）。後者の系譜にピンカーは位置づけられよう。

3) 社会科学についてはすでにベックやレクヴィッツの議論を紹介した。人文科学については，例えば，公共倫理学者のクライブ・ハミルトンや社会哲学者の篠原雅武がそのような議論を展開している（Hamilton 2012;篠原 2018）。

4) このようなことが生じるメカニズムについては，次章 1 節で説明されている。

5) ローザは「空間（Raum）」の語を使用しており（Rosa 2005:420＝2022:344），本書でもローザの参照箇所においては「空間」と表記しているが，この部分ではカステルに倣い「地平（horizon）」（Castells [1996] 2000:492）の表記を用いたい。その理由は，空間という表現はニュートン的な絶対空間を連想させる可能性があるが，本書は空間もこの絶対空間のイメージから外れつつあるとする吉原（吉原 2019:95-7）と見解を同じくするからである。

5章 仮想空間と人工知能の時間

　本章では，仮想空間や人工知能の普及により，時間がいかなる変容をとげつつあるかを中心に論じる。情報技術がおよぼす影響については，これまでの章ですでにある程度言及しているが，本章ではそれらを考察の中心に据えることでより鮮明になる時間の変化に焦点をあてたい。まず「直線としての時間」の変容について，次いで「量としての時間」の変容について考える。

1 「直線としての時間」の変容

1-1 加工可能な時間

　まず，時間が加工可能性という性質を獲得しつつある点について検討する。カステルによれば，インターネットなどのコミュニケーション技術の発達との関連において「時間なき時間」という新しい時間体制が登場した。時間なき時間は，現代社会の支配的な時間性 (temporality) で，加工可能という特質をもつ (Castells [1996] 2000 : 460, 492, 494)。

　なぜ，時間が加工可能なものとしてとらえられるようになるのか。

　カステルによれば，メディアにおける諸時間の混合は，コミュ

ニケーションの同じチャンネルの範囲内で，そして視聴者＝相互作用者の選択で，時間をコラージュする。つまり，バラバラの素材を組み合わせる。時間のコラージュにおいて，ジャンルが混ぜ合わされるだけでなく，それらジャンルのタイミングが平らな地平で同時化される。それには，始まりも終わりも続きもない。マルチメディアのハイパー・テクストの無時間性は，私たちの文化の決定的特徴であり，新しい文化的文脈で教育された子どもたちの精神や記憶を形作る。歴史は，まず，ビジュアルな資料の利用可能性におうじて編成される。次に，歴史をとらえる枠組みがその時々でコンピュータによって選択されうるものになる状況を，歴史は甘受させられるようになり，特定の論説におうじてつなぎ合わされたりバラバラにされたりする。

　学校教育，メディア娯楽，特別なスポーツ報道，あるいは広告は，それにふさわしい時間性を編成する。その結果，文化生産物の非連続的時間が生まれる。この非連続的時間は，人間の経験の全領域から利用可能である。百科事典が人間の知識をアルファベット順に並べていたとすれば，電子メディアは消費者の一時的好奇心にしたがって，あるいは生産者の決定にしたがって情報や表現や知覚へのアクセスを提供する。そうすることで，有意味な出来事の全体の順序はその内部にある時系列的なリズムを喪失し，消費者や生産者の利便性という社会的文脈に依拠した時間の順序で並べられる（Castells［1996］2000：492）。

　カステルのいう加工可能な時間は，始まりも終わりも続きもないという意味で時間なき時間であり，その順序を消費者兼生産者としての人間が編集可能な点で，客観的でも絶対的でもない。出来事をコラージュする行為は，ギデンズが指摘するよう

に，マス・メディア時代から行われていた (Giddens 1990:26＝1993:28-9)。しかし，マス・メディア時代に出来事の加工が可能であったのは政府や報道機関などの一部の者であり，多くの者にとって出来事はコラージュ可能なものではなかった。ところが，パーソナル・メディアの普及によって個々人による出来事の加工が可能になる。よって，加工可能な時間という意識は，パーソナル・メディアの普及とともにいっそう一般化していったと考えられる。時間が加工可能であるという意識は，時間を連続的というよりはむしろ非連続的なものとして意識させ，（連続的な）直線的時間という観念を成り立たせにくくする。

　この加工可能な時間という意識は，カステルがそれを指摘した 1996 年以降の情報通信技術の進歩と普及により，いっそう強化されたようだ。それを示す一例が，動画倍速視聴の拡がりで，そこでは情報を視聴する速度が視聴者の意のままにできる。普及したスマートフォンによる場所や時間に制約されないインターネット利用と，動画配信サービスのプラットフォームがYouTube やネットフリックス (Netflix) などに擁した倍速視聴機能 (廣瀬 2023:46-66；クロス・マーケティング 2021) とが，倍速視聴行為のいっそうの普及をうながした。

1-2　圧縮可能な時間

　時間の圧縮も，等間隔に経過していく連続的な直線的時間という観念の成立を困難にする要因となる。

　カステルの解釈によれば，哲学者ゴットフリート・ヴィルヘルム・ライプニッツにとって時間は事物 (things) が続いて起こる順序であり，よって事物なしに時間は存在しない。この事物

が続いて起こる順序が，ネットワーク社会において破壊される。今日の社会の支配的時間性である時間なき時間が出現するのは，情報パラダイムとネットワーク社会という既定の状況の諸特徴によって，その状況下で生じる諸事象の継続的順序が体系的に混乱させられ，その混乱が促進されるときにおいてである。継続的順序の混乱は，諸現象の生起の圧縮という形をとり，即時性に向かう可能性があるが，そうでない場合には連続性のなかにランダムな非連続性が挿入される（Castells [1996] 2000:494）。

カステルが時間なき時間と表現している新しい時間は，アーリの「瞬間的時間」（Urry 2000＝2011:218-29）や社会学者スコット・ラッシュの情報社会における「テクノロジー的生活形式」における時間（Lash 2002＝2006:44），そして作家エヴァ・ホフマンが論じる「私たちの時代の時間」（Hoffman 2009＝2020:121-71）と同一の現象を指していると考えられる。よって，本書では時間が圧縮されうるようになると，時間は即時性という特色をもつものになるか，諸事象が生起する順序がランダムになり非連続的になるというカステルの指摘に着目し，このカステルの議論にアーリやラッシュやホフマンの知見を加えつつ論じる。

まず，時間の圧縮が「直線としての時間」を弱体化させることを指摘したい。

メディアを通じた経験は，遠くの出来事の日常意識への侵入をともなう（Giddens 1991:27＝2005:29）。悲劇的要素をあわせもつ出来事が，しばしば印象的な形で人々の日々の経験のなかに持ち込まれる。つまり，飢餓，干ばつ，虐殺，原子力関連事故などについて，無関連な情報のコラージュが日常生活に侵入し，日常生活を形作ることによって，時間—空間の圧縮が生じる

(Urry 2000＝2011:224)。ここでいうメディアとは，最新の情報メディアのみならず，新聞，電信などのメディアも含まれる。よって，圧縮は印刷メディアが発明された頃から次第に進展したとされる（Giddens 1991:26＝2005:28）。ただし，インターネット等の情報メディアの普及によって，時間（と空間）の圧縮傾向が近年急速に強化されたことは確かであろう。その意味で，圧縮も加工と同様，ネット社会化によって顕著になった傾向としてとらえることができる。動画の倍速視聴機能も圧縮可能な時間という観念を強化している。

　圧縮可能な時間という観念は，不変の尺度として機能する，無限にのびる直線的時間という時間のとらえ方と矛盾し，時間を後者のイメージで人々が想像することを困難にする。

1-3　直線的な時間軸上からの出来事の切り離し

　次に，時間なき時間において諸事象が生起する順序がランダムになり，非連続的になる——つまり（連続的に）無限にのびる直線ではなくなる——と，その先，時間に何が生じるのかについて，ホフマンやラッシュやアーリの指摘を参照しつつ検討したい。

　時間が加工可能になり不変の絶対的尺度という地位から降りると，古典的近代の時間が有していた直線性や連続性という特質も絶対的なものではなくなる。圧縮が進展すると，諸事象の継起の順序（の認識）に必要な合間，つまりインターバルがなくなる。加えて，情報過多になると，出来事をより長く深い歴史的な時間のなかに位置づけ，結びつけることが困難になる。それは，時系列的な時間の観念が成立しなくなることを意味す

る。

　ホフマンはこう述べる。さまざまな政治的な事象を「出来事
（イベント）」としてまとめあげるには，それぞれを関連づけ，
意味をあたえ，全体像をとらえる必要がある。しかし，雑駁な
情報が全方向から流れ込む環境にあっては，公的領域での事象
は発生しては消えるだけの単なる事象のままである。情報がた
えず作り出されては消えてゆく現在では，それらを精査し，事
象の関連性を吟味し，より長く深い歴史的な時間のなかに位置
づけて結びつける時間はない。現代の私たちは，大きな意味の
枠組みと確立された時間の観念から切り離されてしまった
(Hoffman 2009＝2020：156, 164-5)。

　また，ラッシュは，別の論理を用いながら，時間が線形的
(linear) なものから非線形的なものへと変化しつつあると指摘
する。古典的近代の時間は線形（＝直線）的なものとして構想
され，この時間において，物語や言説のような意味の線形（＝
直線）的な単位が成り立っていた。ところが，情報社会におけ
るテクノロジー的生活形式においては，意味が情報やコミュニ
ケーションの単位のような，短縮的・非延長的・非線形的な意
味へと圧縮される。情報の短縮された単位を通して私たちは物
事を理解するようになる。テクノロジー的生活形式は，線形（＝
直線）性を圧縮するだけでなく，線形（＝直線）性を上回るス
ピードで進み，そのようにして時間は非線形なものになる (Lash
2002＝2006：4, 43-5)。

　出来事と文脈や物語との結びつきは古典的近代の直線的時間
の特徴の一つであったが，ホフマンやラッシュの述べる事態は，
出来事が文脈や物語から切り離されることを意味する。ギデン

ズはこう指摘した。メディアには，それが印刷メディアであれ，電子メディアであれ，画面にさまざまなものを貼りつけて構成する絵画技法であるコラージュ効果がある。そして，出来事がその位置づけよりも優位に立つと，メディアの発表は「タイムリー」で重要であること以外に共通するものがない記事や項目の並列という形をとるようになる（Giddens 1991:26 = 2005:28-9）。この指摘をもとに，アーリは，さまざまな場所や環境からの話題は，一緒に並べられ即座に入手可能な話を中心にまとめられた，時間的にも空間的にも混然としたコラージュをなすが，それは雑然かつ恣意的な形で並んで発せられるために，出来事を文脈と物語から切り離す役割を果たすと述べる（Urry 2000 = 2011:224）。

　要するに，情報過多や，意味の圧縮や，情報のコラージュ効果の亢進といった諸要因によって，「出来事や事物は直線的時間軸上に配列されている」と私たちが認識する際に必要不可欠な前提が崩されつつある。この傾向は，3章と4章で論じた，社会的な出来事や個人の人生上の出来事を位置づける文脈ないし枠組み（それが出来事を意味づけする際の尺度の役割を果たしていた）自体がリアリティを失いつつあることも相まって，強化される。この傾向が進展すると，ローザのいう「時間の時間化」が生じ，さまざまな行為，出来事，結びつきにかんする持続，連続，リズムとテンポが，行為や出来事の遂行のなかで，つまり時間それ自体のなかではじめて決定されるようになる（Rosa 2005:365 = 2022:292）。

1-4 ナッジや人工知能による誘導

アーキテクチャによる誘導や誘導のパーソナル化も，「直線としての時間」の変容に一役買う。

アーキテクチャとは，物事を構成する枠組みや構造一般のことを指す。物理的な技術や構造を設計することで人々が行動する物理的な環境を構成し，人々の行動を一定方向へと誘導する手法として，アーキテクチャが注目されている (松尾 2017:i)。

なかでも，選択アーキテクチャを意図的に設計して一定の方向づけを行う方法として，ナッジへの注目度は高い (福原 2020:196)。ナッジとは，選択を禁じることも経済的なインセンティブを大きく変えることもなく，人々の行動を予測可能な形で変える選択アーキテクチャのことである。ナッジにおいては，選択の自由が妨げられているわけでも，選択肢が制限されているわけでもない (Thaler and Sunstein 2008＝2009:17)。学校の「カフェテリアの料理を学生が栄養バランスの良い料理を選択しやすいように配列する」(成原 2017:42) のはナッジの一例であるが，この場合，もっとも目につきやすく，手の届きやすい場所に栄養バランスの良い料理が置かれるものの，料理は複数用意され，選択の自由は確保されている。

とはいえ，選択アーキテクチャによる個人の決定や行動への影響は小さくない。法学者の福原明雄は，選択アーキテクチャを意図的に設計して一定の方向づけを行うナッジは，誰かの故意によってもたらされた選択アーキテクチャであり，今，誰もが立っているとされる「中立的でない場所」が，誰かの故意による設計を経て一定の誘導的な環境としてそれとわからずに仕上げられているとき，このような設計は明らかに本人の決定に

影響をおよぼすと指摘する。その意味で，選択アーキテクチャという発想は，従来想定されていた分水嶺としての人為と環境という区別を混ぜてしまう（福原 2020:196-8）。

　しかも，この選択アーキテクチャの普及を阻むことは，現実的には不可能である。それは，一つにはナッジという技法はすでに広く活用されており，今後しばらくはその普及が進むと予想されるからであり，もう一つにはそれが現代福祉国家の苦境に応えるものだからである（那須 2020:7）。

　この選択アーキテクチャによる誘導の有効性を積極的に活用し，新たな統治や社会秩序を構築しようという言説は，2000年代に有力になっていった（成原 2017:33-7）。

　2022 年秋から急速に普及した ChatGPT など大規模言語モデルの生成系人工知能は，人間を誘導する傾向をより強化しているように思える。

　生成系人工知能は，それ以前のものに比べて比較的複雑な状況に対する助言も長い文章の要約も短時間でこなし，人間よりも優れた成果をうむことも多く，今後さまざまな場面での使用が見込まれる（JAPAN AI ラボ 2023）。選択の自由はもちろんある。それを使用するか否かの判断は人間にゆだねられており，また人工知能に提示された回答とは異なる別の回答を別の聞き方で人工知能に再度問うこともできる。

　しかし，科学技術社会論が専門の中尾悠里が指摘するように，人工知能が学習する過去のデータに差別が入り込み，その偏見が人工知能の回答に影響をおよぼす可能性もある（中尾 2022:74）。とすれば，人工知能に学習させるデータに意図的にある種の偏りを紛れ込ませることも可能であろう。中立を装いつつ故意や

意図が紛れ込む可能性がある点は，上述のナッジと似ており，ナッジについて指摘される懸念は，人工知能の回答にもあてはまるであろう。さらに，意図的でないにしても，人工知能のプログラムは決して中立的でも客観的でもない（Weber and Prietl 2022:67）。であるなら，意図的，非意図的を問わず，何らかの誘導が人工知能の回答という形でなされる可能性がある。

こういった誘導に，人工知能による情報のパーソナル化が加わる。人工知能によるビックデータ分析により，個々人の特性にカスタマイズした情報を個々人に届けることが可能となった。

情報のパーソナル化は，経験のパーソナル化をもたらす。法学者の山本龍彦は，インターネット空間がアーキテクチャを構成するという観点から経験のパーソナル化[1]を指摘する。彼によれば，私たちはインターネット端末やウェブサイトを媒介に世界とつながりはじめた。私たちは，インターネット空間を通じて世の中で起きた事件を知り，買い物をし，他者とコミュニケーションをとる。そこでは，この空間が私たちにとっての構造・環境・アーキテクチャとなる。しかし，この環境は所与ではない。例えば，それはユーザーのパーソナルデータ（ウェブの閲覧履歴，購買履歴，位置情報など）に基づいてプロファイリングされた，ユーザーの選好・特性に合わせてパーソナル化されるものだからである。

その身近な例として，山本はアマゾンのウェブサイトをあげる。それは，過去の購買履歴や閲覧履歴からプロファイリングされたユーザーの選好等に合わせてパーソナル化され，ユーザーに合った商品が「お勧め」される。私たちは，そのパーソナル化された環境のなかで買い物を楽しむ。それは，現実世界の書

店で多数派の選好等を踏まえて一般的に整理された書棚に囲まれて買い物をするのとは異なる。ネット空間では，個人を取り巻く構造・環境自体が個々人の選好・特性に合わせて調律されているからである（山本 2017：67-8）。

　このような事態が，人々の空間認識を従来のそれとは異なったものにすると指摘するのが若林である。彼によれば，個々人のニーズや嗜好におうじた案内や提案を街に埋め込まれたシステムが提供してくれるようになると，例えば，車椅子の人にはあらかじめ車椅子受け入れ可を表明した店や場所のみが，ペット連れの人にはペット同伴可の店のみが携帯端末に提示されるようになると，個々人の周囲にチューブのようなものが登場するようになる。このチューブは，個々人の周囲で情報やイメージをフィルタリングする（若林 2010：190-5）。

　この議論を敷衍しつつ，社会学者の土橋臣吾はこう述べる。私たちは主観的には（都市）空間のなかを自由に動き回っている。しかし，ユビキタス／ビックデータ的な情報環境に身をゆだねている限り，自分がおもむく場所，自分が経験することの範囲は，暗黙裡に「わたし」向けの情報だけを透過する——パーソナル化された——目に見えないチューブ状の空間に枠づけられる（土橋 2018：137）。

　このような事態は，空間認識に限られるものではない。それは，わたしの未来が情報システムによってあたえられ，そのあたえられた可能性以外の未来を選択できなくなること——例えば，ある国への入国ゲートは左右二つあるが，ゲート先での厳しい身体検査のためにアジア系外国人のみ右のゲートが開くにもかかわらず，たまたま右が開いただけで，左が開いても同じ結果

が待っていたと当人には思わせる仕組み——を人々が受け入れ，その選択肢でよかったのだとそれについて思うようになり，「わたしを表現するデータ」がわたしより先にわたしを代弁してしまう問題を浮上させる（鈴木 2007：51-3, 83）。

　古典的近代において，個人は未来のいくつかの可能性のなかから一つを選択すると，換言すれば個人による現在の決定が未来を左右すると想定されていた（Bourdieu 1977＝1993：19, 36, 1990：219, 234）。自己責任をともなう未来の自己決定という観念が，たとえ「社会秩序を維持するために援用される虚構の物語」（小阪井 2020：234）であったとしても，虚構がある種のリアリティをもつものとして人々に想念されていた。このことが，ここでは重要である。

　ところが，今や，若林が指摘するように，「〈わたし〉の未来にはつねに『わたし』という先取りされたデータから引き出された存在に見合った未来が準備されている」（若林 2010：194）。

　山本によれば，選択環境のパーソナル化は，プロファイリングによって確率論的に導出された過去の自分によって人生のあり方を規定されるリスク，過去の自分が定めた道筋を歩かされるリスクを抱えている。プロファイリングは，ある者の過去の行動記録を基に「あなたはきっとこういう人ですよね」と確率論的に予測するものであるため，プロファイリングの結果に基づいて構築された選択環境を提示されることで，個人は「過去の自分」に包囲され，自らの脱構築を妨げられる可能性をはらむからである。これは，近代に誕生した個人の尊重原理と矛盾する。個人の尊重原理は，「あなたはこういう人ですね。だからこう生きなさい」と誰からもいわれないことを含むからであ

る（山本 2023：33-4, 41-2）。

　これは，過去との差異という関係を用いた自己同定が困難になる可能性をはらむ。ルーマンは，近代社会が自己を「近代的」と称するとき，過去との差異という関係を用いて自己を同定していると述べた（Luhmann 1992＝2003：4）。近代の社会は過去との差異を用いて自己を記述した。この自己記述の仕方が，個人についてもあてはまることを4章で確認した。ということは，プロファイリングによる「お勧め」は，個人の尊重原理と矛盾するだけでなく，近代人が行ってきた，直線的な時間を用いた自己同定の仕方を困難に陥れる可能性を有することになる。

　これまでの議論をまとめよう。

　一方でパーソナル・コンピュータの普及は，個人に時間のより自由な操作や加工を可能にした。これは，絶対的で客観的な尺度としての時間という観念の弱体化をうながした。

　しかし，他方で，人の行為に対してパーソナル化された誘導がなされるようになった。ビックデータと人工知能によってパーソナル化されたアーキテクチャは，未来を「開かれた」ものから，開かれてはいるがその選択肢が「より誘導された」ものへ，極端な場合には「あらかじめ決められた」ものへと変化させる可能性を有している。それは，時間割や時間化されたライフコース体制といった枠組みのもとではあるが，それを所与の前提として，自由だとされる個人が自己決定し選択する未来から，当該アーキテクチャを提供する政府や企業にとって望ましい未来へ，政府や企業という他者によって，ある程度，決定が個別に誘導される未来へと未来像が変化しつつあることをも含意している。換言するなら，未来の決定が「個人による」（少なくと

もそのように想定されていた）ものから，アーキテクチャという環境と個人とが織り交ざりつつ行われるものに変化する可能性である。

さらに，「過去の自分」を脱構築する未来が困難になる可能性もある。これは，過去との連続性が断たれた未来（Luhmann 1990:120-1）という古典的近代の未来像とは異なる「未来」となりうる可能性を示唆している。

アーキテクチャへの社会的関心が増した要因の一つは，3章で見たように，社会にとっての社会統合の困難さを何らかの形で社会的に補う必要性があったことであろう。それらの困難性を補う形で，「人々の行為を一定方向に誘導する手法」（松尾 2017:i）がより意識的・効果的に提供されるようになった。法学者ローレンス・レッシグは，人の行動を制約する規制手段として，法，市場，社会規範，アーキテクチャの四つをあげる（Lessig 1999＝2001:157）。彼の用語を借りるなら，共通の社会規範によって人の行動を統制することが困難になるなか，アーキテクチャによって人の行動を誘導する度合いを強めたのであろう。

もう一つの要因は，個人にとっての決定の困難さを補う必要性である。3章で見たように，古典的近代においては，未来が開かれており計画できないことに対して，未来のコントロールと確実性を時間割や制度化されたライフコースなどの枠組み条件に求める形で，安定化がはかられた。それが後期近代ではうまく機能しなくなった。そこで，アーキテクチャによって人の行動を誘導する度合いが高められた面があろう。

今生じているのは，西洋の古典的近代的な（そして近代法が依拠する）「自由な自己決定」によって人間が自らの未来を形

成するという人間観から，ナッジや人工知能の誘導する選択肢と自分の意思とが不可分な形で，人間が未来について短期的な決定を下すという，自己と環境とがより融合した人間観への変化である。

人工知能研究者の川村秀憲は，人間と人工知能とが対立関係になるのではなく，協働関係を築く社会が将来的に実現するであろうと予測する。実際，チェスの世界では，人工知能が世界チャンピオンに勝利した後，人工知能を使いながらチェスをする「フリースタイルチェス」という競技スタイルが生まれ，そこにおいて強い選手は，人工知能にまかせきりでプレーするのではなく，人工知能と協働しているという（川村 2023：122）。ここに示されているのはチェスの世界の事例であるが，広く人間の行為全般における人間の決定についても類似の事態が生じる可能性が高いであろう。実際，法哲学者のマッシモ・ドゥランテは，人工知能は，人間の決定と自由の相互作用を変える程度にまで人間の知能を変化させるであろうと指摘する（Durante 2022：254）。

未来像も，そのように変化した人間像に呼応したものに変化してゆくであろう。

1-5 短期主義化の登場

これまでの章で見たように，後期近代になると，個人についても，社会についても，見通すことのできる未来は短期化していった。この未来のイメージは，情報技術それ自体によっても，より短期的なものになりつつある。すなわち，インターネット技術の普及により，意味が情報やコミュニケーションの単位の

ような短縮的・非延長的・非線形なものに圧縮されると，未来
は古典的近代の時間が有していた「無限にのびる未来」といっ
た遠大なものではなくなり，短期化する。アーリはこう指摘す
る。意思決定の責任を負う人たちは，この異常にリスクに満ち
溢れた世界に即時に対応してかなければならない。即時的な対
応の必要性の結果として，とりわけ電信，電話，ファックス，
電子通信などに示唆される速度のために，ますます未来は拡張
した現在へと融解しているようである。もはや未来は人々が期
待をかけるようなものとしては機能しない（Urry 2000＝2011:
224-5）。

　その結果，人々の行動様式に短期主義化が生じる。エリオッ
トによれば，デジタルに媒介された相互作用の時間地平はより
短くなる。「短い」が意味するのは瞬間の論理で，これが社会
生活にかつてない速さで浸透している。堅固な対面的相互作用
とそれにともなう待ち時間の代わりに，オンライン世界は速い
接続とより速い脱接続の機会をあたえる。増大する社会的加速
化は，現代の社会制度と組織化された生活の構造に由来する。
グローバル化がもたらしたのは，デジタル相互接続の高速パタ
ーンと超高速な情報技術，そしてジャスト・イン・タイムのグロー
バル生産である。これらの環境が内包する一種の力が私たちの
現在の生き方に浸透し，その結果，確実な社会的相互作用はよ
り短期になる。

　伝統的官僚制度における終身雇用から地球規模でネットワー
ク化された組織における短期契約への移行において短期主義が
解き放たれると，この世界で人はせきたてられ，圧縮され，時
間貧乏となり，急ぎ慌て，悩み苦しめられることになる（Elliott

2019:126, 129)。

この短期主義化は，2章で見たようにキャリアの場面におい
て端的にあらわれていた。また，序章で紹介した，生活目標が
現在に置かれた「現在中心」志向の増加は，生活目標の極度の
短期主義化と見ることができよう。ビジネス環境が素早く変化
する時代，地球環境が相対的に安定的でなくなった時代，地球
のある場所で生じた感染症や金融危機が短期間に地球規模で広
まる時代においては，個々人は変化した外界に対して素早く柔
軟に適応してゆくことが求められる。目標も状況の変化に合わ
せて短期的に変える必要がでてくる。私たちが見通すことので
きる時間の幅は，より短いものとなる。

2 「量としての時間」の変容

2-1 仮想空間の拡大と人工知能の普及

1990年代頃からコンピュータ技術の発達によって，仮想空
間における時間が登場した。仮想空間における時間は，「時は
金なり」という金言が示すような「量としての時間」とは性質
の異なる時間を作り出す（角山 1998:9）。以下で見ていこう。

思想家のポール・ヴィリリオは，世界の見え方は，かつて
「道筋的＝移動経路的（トラジェクティブ）」であったが，19世
紀における写真と映画の登場により「対象レンズ的＝客観的（オ
ブジェクティブ）」になり，さらに現代の情報メディア技術に
よって「望遠レンズ的＝遠隔-対象的（テレオブジェクティブ）」
になることで，時間と空間のつながったまとまりをグチャグチャ
にすると述べた（Virilio 1996＝1998:16, 40）。

ヴィリリオの議論を踏まえ，若林はこう展開する。それが意味するのは，それまで一体だった「情報の移動」と「情報を運ぶ媒体の移動」や「情報媒体を運ぶ人の移動」を電気的・電子的なメディア技術が切り離した結果，情報が伝達される道筋＝経路の空間やそこでの経験が，情報の伝達過程から取り去られ，望遠レンズを通して遠方を見るように遠隔地の事物や出来事がリアルタイムで「いま・ここ」に現前するようになったこと，それによって世界のなかに地理的な距離や位置関係とは異なる仮想的なトポス，あるいは無－場所的なものが生み出され，それらが社会的環境になったことである。

また，道筋的＝移動経路的な関係において存在した，距離感や遠近法的な空間の連続性，他者とかかわるためにはそうした経路を移動してゆかねばならないといった身体性が，電気的・電子的なコミュニケーションから消失し，対象物の像のみが人々の前に光学的虚像としてあらわれるようになった。さらに現代の情報処理技術は，コンピュータ・グラフィックスなどにより，遠隔－対象的ですらない「無－対象的」な像をディスプレイ上に映し出すようになった（若林 2010：180-1）。

このような抽象化は時間性においても進んだ。道を歩むとき，時間はまず歩む身体の心地よさや苦痛，道中の人とのやりとり，周囲の風景などの具体性とともにある「時」——本書でいう「質としての時間」——であった。しかしそれを「経路を移動すること」ととらえるなら，移動に要するコストとしての時間という「量」となる。さらに，遠隔－対象的な関係においては，こうした「コスト」として時間はカットされ，無－対象的なものとの関係ではそうした時の隔たりはそもそも存在しなくなる（若

林 2010:183)。これは，無-対象的なものとの関係で，時間を量としてとらえることが難しくなることを意味する。尺度として機能する「量としての時間」という観念が消滅したわけではないが，情報通信技術が普及した社会において，この観念のもつ影響力は古典的近代に比べれば弱まってゆく。

さらに，時間が既述のように加工可能なものとなり圧縮されることによっても，「量としての時間」という性質は弱まる。個々人がアクセス可能な仮想空間の登場は，時間の加工や圧縮を多くの者にとってリアルな現実として体感させ，絶対的尺度として機能してきた「量としての時間」を信憑性に欠けるものにする。加えて，2章で見たように，情報技術や人工知能の発展により，働き方や求められる仕事の成果が変化しつつあることも，仕事をはかる尺度としての「量としての時間」を，古典的近代に比べて必要性の低いものにする。

他方，「量としての時間」が別の重要性を獲得した領域がある。それは，アテンション・エコノミーと人工知能が組み合わされた領域である。山本によれば，アテンション・エコノミーとは，アテンション（関心）や消費時間が交換財——通貨——として経済的価値をもち，流通するようになるという概念を指す。インターネットの普及による情報過多世界では，人が支払うことのできる関心や消費時間が情報量に対して稀少となるからである。人工知能が利用者にとって「もっとも強く反応するもの」をお勧めすることで，魅惑的な無料コンテンツで人をひきつけ，そこで獲得した当該人物の消費時間ないし関心を広告主に販売するというプラットフォームのビジネスは，この考えに合致したものであり，現在では情報の受け手のすべての時間が激しい奪

い合いの対象と化している（山本 2023 : 212-5）。

そこでは人間の消費時間量が，関心度を示す情報としてプラットフォームから広告主に販売される。「量としての時間」は，古典的近代の労働の場においては，貨幣と引き換えに労働者が自らの時間を資本家に売買するものとして重要な意義を有していた。これに対し，後期近代のアテンション・エコノミーにおいては，交換財として経済的価値をもつ消費時間の重要性が格段に増している。しかし，古典的近代の労働者が，労働時間の対価としての金銭の授受を通して，「量としての時間」を容易に認識できたのに対し，アテンション・エコノミーの利用者は，消費時間の対価として貨幣を受け取るわけではないため，「量としての時間」を意識しにくい。アテンション・エコノミーにおける「量としての時間」の重要性は，プラットフォームや広告主にとっては大きいものの，消費者たる大多数の人間には，少なくとも古典的近代の労働時間に比べれば，意識されにくい。そのため，支配的な時間としての地位がアテンション・エコノミーの隆盛によって維持・強化される可能性は低いであろう。

これは，時間のコラージュが，古典的近代では主にマス・メディアに携わる者においてなされており，一般の人々が時間を加工可能なものととらえることはまれであったのに対し，後期近代になると多くの人々においてもなされるようになったため，加工可能な時間が支配的な時間として登場しはじめたことと対照的な傾向を示しているといえよう。

2-2　非同期化と「交渉し取り決める時間」

インターネット以降の情報通信技術は，人々が非同期的な行

動をとったとしてもさほど不都合を招かない社会を可能にした。それにともない，求められる時間規律も変化してゆく。

　1章で見たように，時間から質を取り去った「量としての時間」は，古典的近代においてナショナルな時間となり，さらに世界標準時の採用により，グローバルな時間の体系の一部をなしてきた。これが，古典的近代において広範囲の人々が同期化し行為する際の前提条件となった。ところが，2章以降で見たように，情報通信技術のさらなる発達により，同期化の傾向が反転し，非同期化の傾向が見て取れるようになった。

　情報を基礎としたデジタル時代は，光速で世界中を駆け回る，重さのないビットが中心になる。情報は，瞬間的，同時的に事実上どこででも手に入れることができる。

　そのような時代の時間は，「瞬間的（そして同時的）時間」が生産的メタファーとなるとアーリはいう。瞬間的時間は，個々人の時間—空間のたどり方が非同期化されることを意味する。すなわち，人々の時間の多様性は著しく増大し続け，より長期にわたって広がる。大量消費のパターンが，より多様化，分断化したパターンに取って代わられることにより，人々の活動の集合的な組織化，構造化がさらに弱まる。それは，例えば，間食い（グレイジング），つまり決まった食事の時間に同じ場所で家族や同僚と食べずに，ファストフードを消費することがおよぼす影響の拡大，決まった時間に共通の行動をとらなければならない団体旅行を嫌う「自由で独立した旅行者」の増加，フレックス・タイム制の広がり，テレビ番組が録画，再生，消去できるようになり，家族全員で放送時間通りにある特定の番組をみなで見るという感覚がほとんど失われることなどである

（Urry 2000＝2011:218, 223, 226-7）。

　アーリによって上述のような非同期化の指摘がなされた
2000 年から 20 年以上の年月が経過した現在では，非同期化の
事例に，テレビドラマの見逃し配信サービス，ネット動画視聴，
リモートワークの普及を付け加えることができよう。見逃し配
信はテレビドラマを放映時間後にも視聴することを，ネット動
画はいつでも自分の見たいものを視聴することを可能にする。
さらに，情報技術を活用した労働は同期化した働き方を必ずし
も必要としない。

　この非同期化は，エリオットによれば，社会関係の組織化に
かんして「約束厳守の時間（punctual time）」──これは 1 章で論
じた時間厳守という社会経済倫理に相当する──から「交渉し
取り決める時間（negotiated time）」への変化をうながす。

　非同期化が意味するのは，社会関係を組織化する特定の伝統
的方法が，より即座で一時的な方法にとって代わることである。
デジタル社会において，今日の生活様式やコミュニケーション
の文脈の多様性が意味するのは，活動の絶え間ない調整と予定
作成が社会関係の基本的組織化の中核になったことである。社
会活動の領域においてデジタル技術が中心的で構成的な役割を
もち，人は自らの生活を移動しつつ構築する。しかも，彼らの
生活はコミュニケーションと情報の即時更新という永久に変化
する基盤上で形成される。その結果，社会的関係の組織化は
「約束厳守の時間」から「交渉し取り決める時間」へ変化する。

　新しい働き方や生き方は，「時計時間の修正」をより促進する。
例えば，私たちが同僚や友人に会合や約束のために，以前に（そ
してしばしばつい先ごろ）同意した時間を再調整するために，

携帯電話でテクストメッセージを送り，電話し，あるいは電子メールを送るように。今日，社会的ライフ「ワーク」の遂行には，そのような会合やデートや約束やテレビ会議や旅行や休暇の予定作成と再作成が含まれる。

　要するに，非同期化は，必要なものを必要な量だけ必要なときに生産・調達する方法たるジャスト・イン・タイムの生を生きることである。人は，デジタル技術時代における社会関係の時空の様式形成 (patterning) を取り決め直す (Elliott 2019:127-8)。

　このように，同期化が工業製品の高い生産性に不可欠であった古典的近代とは異なり，情報通信技術の発達により，モノの効率的な生産が非同期の形で可能になった後期近代においては，要求される時間規律の形態が変化する。すなわち，時間厳守を求められる時間規律のあり方から，状況の変化におうじて柔軟に時間を交渉により調整し直す時間規律のあり方への変化である。3章で，後期近代の新しい生活様式のイメージが，状況に開かれた時間実践，換言すれば，出来事によって方向づけられた時間実践を遂行する「時間操作ゲームのプレイヤー」になることに言及した。このプレイヤーは，上述のエリオットのいう新しい時間規律を身につけた人間類型ということになろう。

3　絶対的尺度という機能の弱体化

　時間の加工や圧縮，誘導のパーソナル化，そして「量としての時間」の重要性の低下は，客観的で絶対的な尺度という時間の機能を弱める。社会学者の正村俊之によれば，科学者アイザック・ニュートンは慣性の法則を説明するための時空的枠組

みとして「絶対時間・絶対空間」の観念を導入したが，古典的近代において社会的な時空認識として確立されたのは，このニュートン的な時空観に近い「直線時間・均質空間」であった（正村 2020）。本節ではこのような時間のとらえ方も変化しつつあることを論じる。

　古典的近代の啓蒙の認識を構成する空間は遠近法空間であり，それは空間の絶対性を前提としていた。この空間は，誰が見ても同じ空間として知覚されるような空間であり，その意味で，「客観的空間」であった。この空間把握は，時間を把握する際にも用いられた（吉原 2002:18, 2019:95；Bourdieu 1990:223）。機械時計の示す時間は，空間同様，誰にとっても長さが同じ「客観的時間」であった。それは，1章で見たように「質をともなう時間」から具体的な性質が取り去られたことと関連していた。この客観的時間は絶対性という特徴を有し，絶対性という特徴は「中身のない」時間という均一の次元に支えられていた。機械時計は時間測定の均一性を生み出し，それが時間を社会的に組織することの均一性を生み出した。この過程はモダニティの広がりと同時に生じたが，この過程が完成するのは 20 世紀に入ってからのことであった（吉原 2004:22, 2019:56；Lash and Urry 1994 = 2018:52, 217-24；Giddens 1990:17 = 1993:31-2）。この時間は，物事を測定する客観的尺度として機能した。

　この絶対的で客観的な時間のイメージは，本書でこれまで見てきたように，その適用範囲が古典的近代に比べると——少なくとも多くの人間に意識化される水準においては——限定されつつあるという意味で，後期近代においてその信憑性が弱まりつつある。

では，近代の絶対的時間からどのような時間へ変化しつつあるのか。考察にあたって，空間認識の変容にかんする議論を補助線として用いよう。

　若林は，人工知能やビックデータによる情報のパーソナル化によって，都市空間において（存在すると）知覚されるものが個々人それぞれにチューブ状に形成されるようになったと指摘する（若林 2010:194-5）。空間にかんするこの考え方は，時間にも適用可能だと思われる。彼は，都市空間にかんして，かつてのような万人共通の均質空間ではなく，個々人の周囲にチューブがあらわれ，コンシェルジェ化した街が，個々人の周囲で情報やイメージをフィルタリングすると指摘する（若林 2010:194-5）。このコンシェルジェ化した街は，パーソナル化されているという意味で，客観的な遠近法空間とは異なる空間認識の仕方を示している。しかし，ネット空間が提供する情報がパーソナル化する対象は，私たちの空間認識だけではない。時間認識もコンシェルジェ化した時間となり，時計という客観的尺度によって示される時間とは異なるものとなる。

　もちろん，古典的近代において人が都市のすべての建造物を遠近法的に都市の地図のなかに位置づけて認識していたわけではないであろう。これまでも新宿は夜の街なのか，デパートが林立する街なのか，映画館が多く立ち並ぶ街なのかは人によって異なり，その意味で新宿を何がある街と認識するかは人により異なっていたであろう。しかし，まず遠近法的な都市の地図が脳裡にあり，そこに多くの映画館が存在すると認識するか，それともはじめからいくつもの映画館からなるチューブ状の新宿を認識するかでは大きな違いがある。

同様のことが，時間についてもいえるのではないか。つまり，絶対時間といったものを前提として，その後に時間の認識をするのか，そもそも絶対時間という認識枠組みなしに時間を認識するのかの違いである。

このように，時間が加工可能なものになりパーソナル化されると，万人に共通の絶対的尺度という時間の機能は弱まってゆかざるをえない。

4　デジタル・トランスフォーメーションの影響

カステルやアーリそしてラッシュがインターネットという新しい技術と新しい情報空間がもたらす新しい時間を指摘した1990年代後半や2000年代初頭は，その変容はまだ仮想空間という限られた場での現象としてとらえられていた。例えば，カステルは1996年に，「この章で概観する時間の変容は，すべてのプロセス，すべての社会集団，すべての社会領域にかかわるものではない……わたしが時間なき時間と呼ぶものは，出現しつつある，ネットワーク社会における社会的時間の支配的な形態にすぎない」(Castells [1996] 2000: 465) と述べている。

ところが，上記の状況は今や仮想空間という限定された場でのみ生じるものではなくなった。仮想空間自体が限定された場ではなくなり，社会生活全般を覆いつくすようになったからである。高速インターネットやクラウドサービス，人工知能などの情報技術によってビジネスや生活が大きく変容するデジタル・トランスフォーメーションの登場である。

日本もその例に漏れない。日本政府は，日本が目指すべき未

来社会の姿として，第五期科学技術基本計画（2016年度から2020年度）において「Society5.0」を提唱した。Society5.0とは，政府が掲げる，仮想空間と現実世界とを高度に融合させ，経済の発展と社会的課題の解決をし，人々を豊かにする社会のことを指す（内閣府 2020）。

　それは，政府が提唱した時点では未来社会の姿であったが，オフラインの世界が仮想空間に包摂されつつあるという意味で，今や現実になりつつある。企業や政府のアドバイザリーに取り組む藤井保文とIT批評家の尾原和啓は，2019年に今やリアル世界がデジタル世界に包摂されていると指摘した。それは，リアルな生活がオンライン側に移行した事態を指す。あるいは，オンラインとオフラインが融合し一体のものとなったと表現することもできる。そういった世界に生きる人にとって，デジタルに拡張された世界自体がリアルとなる（藤井・尾原 2019:46-54）。

　また，情報学者の西垣通によれば，2021年頃から一挙に有名になった「メタバース」という仮想空間は，人工知能の導入によって，物理的距離をこえたオンラインでの活動を可能にしつつあり，経済活動を通じて社会とリアルにつながる（西垣 2023:28-32）。

　ラッシュはすでに2002年に上のような事態を予測し，こう指摘していた。すなわち，国民を単位とする工業社会から，グローバルな情報秩序に取って代わることで生活形式がテクノロジー的になり，そこでは外界の理解がテクノロジー・システムを通してなされるようになる。私たちは，インターフェイスのようにして外界を理解する，と（Lash 2002＝2006:3-4, 39）。

　本章で論じた時間の変容は，仮想空間に限定されるものでは

なくなり，生活のすべてを覆いつくすものになっている。

5 小 括

　本章では，社会における支配的な時間が，仮想空間や人工知能の発展と普及により，古典的近代のそれからいかなる変容をとげつつあるのかを考察した。そこから判明したことは，時間が，加工され，圧縮され，より短期的なものとして意識されるようになり，未来像が変容し，労働を測る尺度としての機能も弱まることで，客観的な絶対的尺度という地位から降りつつあるということであった。

　このような傾向は，1990年代後半から観察されていたものの，当時は主として仮想空間という限定された領域において生じる現象だと考えられていた。仮想空間とリアルな世界とは一部融合しているものの，基本的に別領域であり，かつオフラインのリアルな世界が中心的ととらえられていたからである。しかし，今や仮想空間と現実世界とが融合するようになり，上述の傾向はいっそう加速している。

✐[注]
1)　山本は「personalization」を「個人化」と表記している（山本2017：67-8）が，「individualization」と「personalization」とを区別するため，本書では前者を「個人化」，後者を「パーソナル化」と表記する。

| 終章 | 時間の機能のゆくえ |

　終章では，まず，これまでの知見をまとめ，そのうえで，古典的近代において時間が有していた諸機能が，後期近代においていかに変容しつつあるかについて検討し，最後に時間の機能のゆくえを考える。

1　これまでの知見のまとめ

　これまでの議論から，古典的近代における時間は，大別するなら次の二つの点において変容しつつあるといえる。
　一つには，社会や個人における時間を，無限にのびる一直線として想像することがいくつかの点において難しくなりつつある。
　未来については，まず，見通すことの可能な未来が短期化している。次いで，この先に起こりうるさまざまな可能性が，未来という一直線上に時系列に並ぶというよりはむしろ，地平上に並置するような未来像が登場している。これは，東のいうデータベース・モデルで人々が物事を発想するようになったということであろう。過去についても，一元的な過去という意味での単線ではなく，複線化が進み，その結果，もはや時系列ではなく，さまざまな出来事の可能性が過去というデータベース上にプールされ，その時々で，ある可能性はげんに生じた出来事と

して認定され，ある可能性は認定されない[1]というような過去の想起のされ方が登場してきている。

　そうなると，無限にのびる一直線状の時間の経過のなかで物事が進展してゆくという像を描くことは，古典的近代に比べて容易ではなくなる。

　他方で，以下の点において「直線としての時間」は存続している。まず，社会の未来については，4章で見たように，企業や国家や国際機関の計画志向において，短期化しているものの，「直線としての時間」が存続している。次いで，社会の過去についても，少なくとも歴史の教科書や地域の歴史資料館は，古典的近代において確立された過去観に基づく地域や国家や世界にかんする「正統」とされる歴史を，その試みへの挑戦を時にうけつつも，人々に提供している。

　個人については，古典的近代において個人の人生という時間は，社会の時間と連結し，社会の進歩のなかで，個人の人生も進歩していくと見なされていた。ところが，後期近代になると，個人の進歩はそれが可能な者とそうでない者とに分化し，安定的な長期的展望のもとに成り立っていた個人の「自律」は困難になった。

　このような事態を，若林の着想を用いて解釈してみよう。

　彼によれば，進歩とは，不可逆で空虚な時間，数量的で抽象的な時間を前提としつつ，それを再度意味づける意味論である。古典的近代の初期に，社会は流動化し不安定化したものの，この流動や不安定をもたらしたそれぞれの出来事をバラバラで無秩序なものではなく，規則だった一連の過程として了解するための意味論が登場した。それが進歩の観念である（若林 2014:

160)。

ところが，これまでの章で見たように，時の経過とともに進歩としての解釈が困難な事象が増えてきた。すると，次のような中間状況が登場することが想定される。それは，進歩という意味論に対する疑念が強まるなかで，出来事を意味ある一連の過程と見なす社会的な共通理解は困難になりつつあるものの，別の支配的な意味論は未だ登場していない，そのような中間状況である。

現在はまさに，このような中間状況にあるのではないか。この中間状況は，社会の水準においては，古典的近代の意味論が，ある種の人々ないし特定の分野においては疑念をもたれ批判されつつも，別のある部分，特に公的世界の中心部では今でもそれを前提に行為するという形で現出している。個人の水準においては，個人でより良い人生にするべく，短期的な目標を設定し状況の変化に柔軟に対応する者，つまり個人の進歩にかんする改訂版の意味論を生きる者と，進歩の意味論を放棄し別の意味論を模索ないし希求する者とへの分化という形で現出している。

二つには，絶対的尺度としての時間にかんして，ある領域では時間は依然として絶対的尺度であるが，別の領域では絶対的尺度であることをさほど求められなくなっている。

絶対的尺度であることをさして求められなくなった領域としては，まず，2章で見たように，労働の場があげられる。そこでは，時間の量ではなく成果で評価される仕事が増加していた。労働時間の管理に服する労働者の割合は，複数の要因によりこの先も減少すると予想されている。「量としての時間」は，仕事を評価する尺度を現在でも提供しているものの，その地位は

古典的近代におけるほど確固としたものではなくなってきている。次いで，作業の同期化も古典的近代ほどには必要とされなくなっている。例えば，電子メールは，電話でのコミュニケーションの場合に求められるタイミング合わせの必要性を減少ないし消滅させるメディアであり，作業を同期化するよりも非同期の方が生産性の上昇が見込める事態を出現させた（博報堂生活総合研究所編 2003:24-7）。これらの領域において，量的で直線的な時間の絶対的尺度としての地位は低下した。

　時間割，歴年齢に沿った標準的ライフコース体制，労働時間と自由時間の区別といった，人生を営むうえでの時間的枠組み条件も，古典的近代に比べればさほど必要とされなくなり，それどころか，それらに拘泥するとかえって不便や非効率を招きかねないという意味で，障害になりつつある。エリオットのいうジャスト・イン・タイム的な会合調整の仕方や，ローザのいう時間操作ゲームのプレイヤーにおいて，時間は絶対的尺度ではなく，それ以外の事柄と同列にあつかわれる，調整中ないしプレイ中に考慮すべき条件の一つとなっている。

　20世紀末に角山は，情報化の進展が，機械時計によって作られた正確で画一的な時間秩序から，情報によって創造される多様な時間秩序への変化をうながし，それにともない，時間が金銭から情報へと変化すると指摘した（角山 1998:26-30）。

　金銭を絶対的尺度のメタファーと見るなら，この指摘は時間が絶対的尺度の地位から降り，他の考慮すべき諸条件と同列にあつかわれる一つの情報になりつつあることを示していると解釈できよう。例えば，動画配信大手ネットフリックス（Netflix）は，視聴時間，視聴者の反応，社会的影響，批評家の評価など，

多様な角度から作品を評価し，それに基づいて俳優や脚本家の報酬を算出している (nikkeimatome 2023)。ここでは，仕事は働いた時間の量ではなく成果で評価され，視聴の時間は成果を算出する際の一つの情報にすぎない。

さらに，21 世紀におけるメディアや人工知能のいっそうの発展により，時間は加工や圧縮が可能なものだとより多くの者が認識するようになったことも，絶対的尺度としての時間の地位低下に拍車をかけている。

他方で，鉄道や飛行機の運行，株式市場の取引などにおいては，世界標準時を基準とする絶対的尺度は依然として必要不可欠である。

また，データサイエンスが分析の前提として依拠するのは，直線的かつ量的な時間である。すなわち，佐藤麻貴によれば，統計処理は，統計データを取集された時間軸において静止していると仮定するがゆえに，換言すれば，静的な「点」として把握するがゆえに可能になる (佐藤 2021：80-1)。ということは，量的で直線的な時間，すなわちある長さをもった瞬間の連続体 (Crosby 1997 = 2003：110) としての時間が絶対的尺度に設定されているおかげで，その尺度上に静的な「点」としてのデータが位置するという想定が可能になる。その想定により，データがデータとして意味をなし，統計処理が可能になる。この意味において，絶対的尺度としての時間はデータサイエンスにおいて必要不可欠である。

データサイエンスは，4 章で見たように未来を植民地化する技術として古典的近代から用いられてきたが，今や人間の日常生活の隅々にまで浸透し，科学としてアカデミアの世界で人文

主義からその主導的地位を奪いつつある（山本 2023:v）。

2　時間の機能のゆくえ

　時間が無限にのびる一つの直線としてイメージされにくくなり，また絶対的尺度として見なされなくなる場面が増加している。このような変化は，当然，古典的近代において時間が人々に提供してきた諸機能になにがしかの影響をあたえるであろう。例えば，機能が弱まる，機能の必要性が薄らぐ，機能的等価物に取って代わられるといった事態が考えられる。

　本書のこれまでの議論から，古典的近代において「直線としての時間」が提供してきた主な機能は，見当識（オリエンテーション）の提供であるといえよう。また，「直線としての時間」上に構想された古典的近代のユートピアは，現実批判機能を提供していた。[2] 他方，絶対的尺度としての時間は，その名にある通り，尺度の機能を提供してきた。これら三つの機能のゆくえを，尺度，見当識，現実批判の順に検討してゆこう。

2-1　尺度提供機能

　まず，尺度を提供する機能について見ていこう。

　尺度提供機能は，いくつかの領域において弱体化しつつある。仕事を評価する尺度は，時間の量から成果に変わりつつある。この場合，成果を客観的に測定する手法が機能的等価物になろう。仕事や日常生活の場で，いったん予定が組まれると固定化されるものから，再調整がそのつど行われるものに予定が変化した背景には，複数の人間間での予定再調整の容易化がある。

ここでは，普及したパーソナル・メディアとインターネット空間が機能的等価物としての役割を果たしている。1990年代以降の仕事や日常生活の場での非同期化の進展は，尺度としての時間の重要性を減じたが，その際，電子メールや録画機器といった情報技術が情報伝達や合意形成における機能的等価物になった。

　他方，尺度としての機能が持続している領域もある。航空機や鉄道の時刻表や世界株式市場のように，時刻や日付を正確に同定する必要がある事柄は，後期近代においても存在するからである。現在ますますその社会的・科学的重要性が増しているデータサイエンスが前提として依拠するのも，尺度としての直線的で量的な時間である。

2-2　見当識提供機能

　次いで，見当識の提供という機能を検討しよう。

　若林によれば，現代の社会は，集合的にも個人的にも，「歴史的時間のなかの失見当識」とでも呼ぶべき状態にある。見当識とは，時間と空間のなかでの自己の位置の認知であり，「失見当識」とは何らかの理由でそれが失われ，自分がいつ，どこで，どちらに向かっているのかがわからなくなることを意味する。人間とその社会は，集団やそのなかの個人の時間的，空間的，そして社会的な位置についての見当識をもっている。例えば，歴史のなかに過去—現在—未来を把握する歴史意識も，歴史的時間のなかの見当識をあたえる枠組みである。現代の社会では，見当識をあたえる基盤となる枠組みが，通時的には行き詰まり，共時的には希薄化し，それによって集合的にも個人的

にも歴史的時間のなかの失見当識に陥っている（若林 2014：209）。

　時間的な見当識のうちのいくつかは，古典的近代においては，進歩の意味論，ユートピア，制度化された標準的ライフコース体制，労働時間と自由時間の区別，時間割などによって提供されてきた。この機能も弱体化しつつあり，さらにいえば，時間的な位置づけの認知自体がさほど必要とされなくなりつつある面もある。

　まず，時間化されたライフコース体制は，制度としては成り立たなくなりつつある。時間化された標準的ライフコース・モデルが果たしてきた見当識提供の機能の一部は，人生のマルチステージ・モデルのような，脱標準化された短期モデルが引き受け，別の一部は，人工知能による助言やナッジによる誘導が機能的等価物として引き受けていることを本書で見てきた。

　また，1章と3章で見たように，時間化されたライフコース体制に基づく人生の長期的視野は古典的近代において個人の自律を可能にしていたが，このライフコース体制の崩壊にともない，個人の「自律」が困難になった。個人は，長期にわたり時間的に一貫性をもつ存在から，状況，状況にあわせて柔軟に変化する存在に変化した。ローザは，後期近代のアイデンティティに特徴的なのは，自己や人生は時間に方向づけられて動くという感覚が失われていることのようだと述べている（Rosa 2005：390＝2022：316-7）。つまり，後期近代においては，直線的時間という観念が社会的に存立せずとも（広義の）個人は存立しうるようになった。これは，個人の存立に必要不可欠な機能を提供するモノのなかに，「直線としての時間」はもはや含まれないことを意味する。

さらに，労働時間と自由時間の区別や時間割については，既述のように，それを厳密に遵守することがかえって障害となるという意味で，逆機能に転じている面がある。仕事は，より柔軟で混成的に，すなわち，旅先でのオンライン勤務や，家事をしながらのオンライン勤務に見られるように，仕事と休暇，仕事と家事という複数の事柄が並行して遂行されるものにもなりつつある。むろん，ある一定時間，仕事のみに専心するという働き方も存続していくであろうが，それが唯一絶対の形態ではなくなりつつある。労働時間と自由時間の区別や時間割のような，時間で活動の内容を区分するやり方が廃れていった場合に，結果として提供できなくなる諸機能については，個々の事案を個別に検討していく必要があろう。

　例えば，労働時間と自由時間の境界が明確である場合には，自由時間をどの程度確保すれば労働者の心身の健康の維持は可能かという問題設定で労務管理がなされうる。しかし，労働時間と自由時間の境界が曖昧化する状況では，これまでとは異なる健康管理のあり方を模索していく必要がある。2章で見たように，ナッジを取り入れたアプリを使用する案も出されている。このように人工知能のお勧めやナッジなどのアーキテクチャによる誘導も，古典的近代におけるそれに代わる短期的な見当識を，ある面において提供している[3]。

　他方で，長期的視野という見当識が，依然として，ないしこれまで以上に，必要な分野もある。このような分野では，新しい時間概念を提示しようとする動きも見られる。

　例えば，仏教学者の末木文美士は，宗教的要素を世界観に組み込む必要性を説く。彼曰く，古典的近代の世界観は，科学的

合理性に基づき，可視化可能なもののみの実在を認め，現世における歴史の直線的進歩を信奉する。この世界観の視界からは，肉眼で見えない放射能や危険なウイルス，現世に存在しない死者や未来の未だ生まれざる者が除外されてしまう。しかし，昨今における地球環境の悪化，遺伝子操作の危険，自然災害の激烈化，戦争や紛争，経済格差などの問題を考える際には，見えざるものや，現時点でこの世に存在しないものをも組み入れた世界観——例えば慈円の終末論——が必要となる（末木 2020）。

　長期的視野の獲得に取り組むもう一つの例として，社会的意思決定にまだ存在しない将来世代の視点を取り入れるフューチャー・デザインがあげられる。フューチャー・デザインとは，人々が将来可能性を発揮できる将来社会の仕組みのデザインと，その実践のことを指す。ここでいう将来可能性とは，現在世代が自分の利益をさしおいても，将来世代の利益を優先する可能性のことを指す。フューチャー・デザイン研究は，原子力を含むエネルギー，水，森林，イノベーション，財政赤字などの問題について仮想将来世代の視点をどのように導入すればよいかについて議論する，大阪大学で 2012 年に開催された研究会からはじまった（西條 2015：ii-iii；西條・宮田・松葉 2021：3-4）。

　この研究を哲学の立場から行う佐藤麻貴は，科学的モデルと，それが依拠する直線的時間概念（本書でいう直線的で量的な時間）の問題性をこう指摘する。科学的モデルにおいてなされる未来予測，すなわち過去データに基づくモデル予測は，統計処理によってなされる。統計処理は，統計データが取集された時間軸において静止していると仮定するゆえに可能となる。それは，過去の一時点から現代までの連続的な静止画像をパラパラ漫画

のように連写することになり，あたかも動態である「かのように」把握することができる。しかし，静的な「点」をとらえた統計データだけでは推量することのできない未来世界が，現在，足元で展開されつつあるかもしれない。それにもかかわらず，統計データによる未来予測は，未知なる可能性を閉じたものにしてしまう。このモデルは，直線的時間概念の呪縛から自由ではない。

これに対して，フューチャー・デザインは別の時間構造に，すなわち直線的連続的時間概念に対して円環的・回帰的な構造をもった時間概念が重層構造的に重ね描きされるような時間構造に依拠すべきである。すなわち，フューチャー・デザインは，さまざまな時間概念に下支えされた重ね描きの時間軸のなかで将来世代に対して意思決定を行う（佐藤 2021）。

このように，ある領域では長期的見当識がもはや必要とされなくなり，代わりに，短期的視野を提供する別の人生モデルや，人間を短期的に誘導する機能的等価物が登場している。他方，長期的見当識がより必要とされる領域では，直線的進歩に基づく理論や世界観に取って代わるべく，別の理論や世界観が名乗りをあげつつある。興味深いのは，末木が復活させようとしているのが，古典的近代の時間観念がその誕生の際に切り捨てていった宗教的要素であり，佐藤麻貴が直線的時間に重層的に加えようとしているのが，中世ヨーロッパ世界がキリスト教の時間観念を公的に摂取した際に切り捨てていった円環的要素であることだ。

終章　時間の機能のゆくえ　　163

2-3　現実批判機能

最後に，現実批判機能を検討しよう。

古典的近代においては，ユートピアを現在的未来に置くことで，「かくあるべし」の視座から現実を批判してきた。ところが20世紀が経過するうちに，現在的未来に位置するユートピアは消失ないし弱体化していった。このような状況下，第一にレトロトピアを求める立場，第二にユートピア的構想の必要性はないとする立場，第三に未来に位置するユートピアの機能的等価物を考案しようとする立場が並存している。

第一のレトロトピアにおいては，既述のように，批判の足場は未来から過去に移動し，再創造され美化された過去が未来に位置するユートピアの機能的等価物となっている。

第二の立場に属するピンカーは，ユートピアなしで啓蒙や進歩が今後も可能だとする。彼にとって，進歩とはユートピアではなく歴史的事実に基づく世界観であり，未来とは確率論的な未来，歴史的事実に根差した将来の見通しとしての未来である。また，進歩の過程で問題が生じた場合の批判の拠点は，理性やヒューマニズムに置かれる（Pinker 2018＝2023a：20, 2018＝2023b：229, 233）。

つまり，彼は必要な現実批判機能は来るべき現在において十分に作動しており，現在的未来に存するユートピアは必要がないと考えている。現在的未来という未来自体，彼の念頭にはないのかもしれない。彼と同じ思考型だと思われるのが，先進国の政府や企業や国際機関の「計画」で，それらはより好ましい進歩の現実化を目指し，データに基づいて策定される。

第三の立場として，啓蒙や進歩といった観念がもはや影響力

をもちえないと見なし，未来にユートピアを描くのとは別の形で批判の拠点を探ろうとする思想動向があげられる。

例えば，社会学者の出口剛司によれば，マックス・ホルクハイマーからアクセル・ホネットにいたるまで，批判理論はその時々で改定された精神分析に社会批判の根拠を見出してきた。すなわち，批判理論において精神分析は，社会と個人の間の否定性の契機を見出すことによって，現実における両者の分裂関係を記述し，社会批判の現実的根拠を見出すという役割を果たしてきた（出口 2011）。また，ベックの理論においては，規範的な視野は，何かが侵害され，その侵害に衝撃をうけた人々がそれを神聖な価値の侵犯であると意味づけ，広く世に伝える文化的取り組みの結果，社会的カタルシスが引き起こされて生産される（Beck 2016:76, 117-8, 120＝2017:87, 137, 140-1:伊藤 2024）。

これらの思想において社会批判の根拠は，未来や過去といった（現在とは離れた）時間上ではなく，現在において，存在をあるモメントで否定する契機にあり，これが未来に位置するユートピアが有していた現実批判機能の機能的等価物となっている。

以上，古典的近代において時間が有してきた重要な諸機能のゆくえを見てきた。いくつかの機能はその必要性が薄れ，いくつかの機能については機能的等価物がげんに登場していることを確認した。

3　結論—特権的地位の喪失と潜在化する機能

最後に，前近代，古典的近代，後期近代，それぞれの社会における時間観念や時間がかかわる制度，および時間の機能を比

終章　時間の機能のゆくえ　　165

較するなら，上述の機能喪失や機能変容，そして機能維持とい
う事態はいかに解釈されうるかを検討し，この論考を閉じたい。
　いわゆる近代以前の社会において，時間は事物から独立した
絶対的尺度ではなかった。時間を絶対的尺度とするために必要
な科学技術や社会制度も整備されていなかった。
　時間は，古典的近代に入るにつれて変容していく。古典的近
代において，時間は絶対的尺度として君臨した。時間は，また，
古典的近代の自律的個人を可能にする前提条件の一つたる，安
定的な未来地平（および過去地平）を提供し，急激な変化のな
かで計算可能な規則にしたがって変化が生じることを保証する
枠組み条件を提供し，見当識を提供した。さらに，進歩の観念
は，抽象的なものとなった時間を再度意味づける意味論を提供
した。
　後期近代において，再び社会における時間は変容しつつある。
直線として想像可能な時間の幅は短くなった。出来事について
は，直線的な時間軸上に過去の出来事や未来の起こりうる出来
事が位置づけられるというイメージと並行して，あるいはそれ
に取って代わり，平らな地平に過去や未来の出来事の可能性が
位置するイメージが登場してきている。時間が絶対的尺度とし
て機能する領域が縮小し，安定的な地平や枠組み条件や見当識
を提供することがままならなくなってきた。それにともない，
時間が社会や個人に対して果たす機能のうち，いくつかの機能
は別のものに代替され，いくつかの機能はその必要性が薄れつ
つある。
　もっとも，絶対的尺度としての機能が存続する領域が消滅し
たわけではない。時刻表の時間のように，多くの人にとってそ

の機能が顕在化し認識されている領域もある。しかし，人工知能のお勧めのように，データの分析過程において重要な役割を果たしているものの，それが利用者の目に直接的に提示されるわけではないため，機能が潜在化し，人々に意識されにくい領域もある。

　このように見てきて明らかになるのは，一つには，後期近代において時間がいくつかの重要な機能を失いつつあるという事態は，それ自体が驚異的で衝撃的であるというよりはむしろ，古典的近代における時間のありようの方が歴史的に特殊な事象であったのではないかということだ。

　古典的近代において時間は，社会や個人から独立して位置する絶対的尺度として特権的な地位を付与され，その特権的地位から，安定的な未来および過去の地平，人生を営むうえでの枠組み条件，社会や個人の位置の認知をあたえる見当識，出来事を意味づける意味論，こういったものを人々に提供してきた。これらの——古典的近代より前の時代にはさほど有しておらず，そして後期近代においては弱体化しつつある——諸機能が時間に付与されていたこと，こちらの方が社会における「時間の歴史」にとって特殊な事態であったように思える。

　バウマンは，「時間の歴史は近代とともにはじまった。……近代とは時間が歴史を持ちはじめた時代なのである」(Bauman 2000＝2001：145) と述べている。時間の歴史は，もちろん，それよりもはるか昔にまでさかのぼることができる。例えば，経済学者ジャック・アタリは『時間の歴史』(Attali 1982＝1986) の記述を古代から開始しており，本書でも古代の時間について言及した。しかし，時間に多くの重要な機能が付与されたときから

終章 時間の機能のゆくえ 167

時間の歴史がはじまったと考えるなら，それはバウマンが述べるように近代の開始とともにはじまったということができよう。

とすれば，古典的近代における時間は，「時間の歴史」にとって特別な地位にあったといえよう。

もう一つ明らかになるのは，後期近代においても，直線的な数量化された時間は必要不可欠な役割をいくつかの領域で果たしているものの，多くの人々の耳目にふれにくい形で機能しているため，それが人々にとって支配的な時間として結晶化されにくいことだ。

古典的近代において，直線と量の性質を備える時間は，尺度として，あるいは人の行為を方向づける基準として可視化・対象化され，人々に意識的に内面化されていたのに対し，後期近代においては，日常生活を送るにあたり，多くの人々にさほど意識されずに機能している面がある。昨今のデータサイエンスの隆盛を考えると，直線的で数量化された時間は，作動という意味において，その力を減じているわけではなく，増大させているといっても過言ではない。しかし，この時間がアテンション・エコノミーにおいて重要な交換財として作動していることも，人工知能のお勧めもこの時間に依拠したデータサイエンス技術の賜物であることも，一般の利用者に意識されることはまれであり，多くの人間にとってこの時間は潜在的に機能している。

その意味において，顕在的に機能する面が相対的に多かった古典的近代と比べるなら，後期近代において直線的で数量化された時間が支配的な時間として人々にイメージされる，その度合いは小さいといえよう。

[注]

1) 例えば，旧日本軍による従軍慰安婦問題は，事実関係や評価においてさまざまな認識の差異や論点がある。既述のように，従軍慰安婦の強制連行は，その時々で，あるいはそれぞれの人物や立場によって，過去に生じた出来事と認定されたりされなかったりし，また，歴史教科書へ記載がされたりされなかったりしてきた（浜 2007:175-6）。つまり，当の出来事が「あった」とされたり「なかった」とされたりしている。その意味で，本書では「過去の出来事の可能性」という表現を用いている。

2) 古典的近代のユートピアには，現実変革，現実批判，見当識提供の三つの機能があった（Mannheim［1929］2015＝1971；Bauman 2007:98；若林 2022:16）。ベックが指摘するように，人間が理想を掲げその理想に沿った社会を作るという形の現実変革は，副次的帰結が社会へおよぼす影響が大きくなった後期近代の社会ではもはや不可能である（Beck 1986＝1998）。また，バウマンが指摘するように，「進歩」の意味も，ともに改良することから，個人で生き延びることに変化した（Bauman 2007:103）。これらから，ユートピアの現実変革機能は現在では失われていると本書では考えている。なお，見当識提供機能は，（ユートピアもそれに含まれる）「直線としての時間」において提供されてきたと本書は考える。

3) アーキテクチャがもたらしうる負の側面——例えば，機械のアーキテクチャが人間を自動化する可能性（Zuboff 2019＝2021:8；北野 2024:61-71）——も重要な論点であり，5章で多少ふれたが，それ以上の言及は本書のテーマを越えるため控える。

・文献一覧・

阿部謹也，1987，『甦える中世ヨーロッパ』日本エディタースクール出版部．

Ariès, Philippe, 1975, *Essais sur l'histoire de la mort en Occident. Du Moyen Âge à nos jours*, Paris: Éditions du Seuil.（伊藤晃・成瀬駒男訳，1983，『死と歴史——西欧中世から現代へ』みすず書房．）

Attali, Jacques, 1982, *Histoires du temps*, Paris: Fayard.（蔵持不三也訳，1986，『時間の歴史』原書房．）

Autor, David, David A. Mindell and Elisabeth B. Reynolds, 2021, *The Work of the Future: Building Better Jobs in an Age of Intelligent Machines*, Massachusetts: MIT Press.（月谷真紀訳，2023，『The Work of the Future——AI時代の「よい仕事」を創る』慶應義塾大学出版会．）

東浩紀，2001，『動物化するポストモダン——オタクから見た日本社会』講談社．

馬場靖雄，2001，『ルーマンの社会理論』勁草書房．

Bauman, Zygmunt, 2000, *Liquid Modernity*, Cambridge: Polity Press.（森田典正訳，2001，『リキッド・モダニティ——液状化する社会』大月書店．）

————, 2004, *Identity*, Cambridge: Polity Press.（伊藤茂訳，2007，『アイデンティティ』日本経済評論社．）

————, 2005, *Liquid Life*, Cambridge: Polity Press.（長谷川啓介訳，2008，『リキッド・ライフ——現代における生の諸層』大月書店．）

————, 2007, *Liquid Times*, Cambridge: Polity Press.

————, 2008, *The Art of Life*, Cambridge: Polity Press.（高橋良輔・関内文乃訳，2009，『幸福論——"生きづらい"時代の社会学』作品社．）

————, 2017, *Retrotopia*, Cambridge: Polity Press.（伊藤茂訳，2018，『退行の時代を生きる——人びとはなぜレトロトピアに魅せられるのか』青土社．）

Beck, Ulrich, 1986, *Risikogesellschaft: Auf dem Weg in eine andere Modene*, Frankfurt am Main: Suhrkamp Verlag. (東廉・伊藤美登里訳, 1998, 『危険社会──新しい近代への道』法政大学出版局.)

―――, 1988, *Gegengifte: Die organisierte Unverantwortlichkeit*, Frankfurt am Main: Suhrkamp Verlag.

―――, 1996, "Wissen oder Nicht-Wissen? Zwei Perspektiven >reflexiver Modernisierung<," Ulrich Beck, Anthony Giddens und Scott Lash, *Reflexive Modernisierung: Eine Kontroverse*, Frankfurt am Main: Suhrkamp Verlag, 289-315.

―――, 2016, *The Metamorphosis of the World*, Cambridge: Polity Press. (枝廣淳子・中小路佳代子訳, 2017, 『変態する世界』岩波書店.)

Beck, Ulrich und Elisabeth Beck-Gernsheim, 1993, "Nicht Autonomie, sondern Bastelbiographie," *Zeitschrift für Soziologie*, 22(3): 178-87.

Beck, Ulrich und Elisabeth Beck-Gernsheim, 1994, "Individualisierung in modernen Gesellschaften: Perspektiven und Kontroversen einer subjektorientierten Soziologie," Ulrich Beck und Elisabeth Beck-Gernsheim Hg., *Riskante Freiheiten: Individualisierung in modernen Gesellschaften*, Frankfurt am Main: Suhrkamp Verlag, 10-39.

Beck, Ulrich, Wolfgang Bonß und Christoph Lau, 2001, "Theorie reflexiver Modernisierung: Fragestellungen, Hypothesen, Forschungsprogramme," Ulrich Beck und Wolfgang Bonß Hg., *Die Modernisierung der Moderne*, Frankfurt am Main: Suhrkamp Verlag, 11-59.

Beck, Ulrich and Edgar Grande, 2010, "Varieties of Second Modernity: The Cosmopolitan Turn in Social and Political Theory and Research," *British Journal of Sociology*, 61(3): 419-43.

Beck, Ulrich und Elisabeth Beck-Gernsheim, 2011, *Fernliebe: Lebensformen im globalen Zeitalter*, Berlin: Suhrkamp Verlag. (伊藤美登里訳, 2014, 『愛は遠く離れて──グローバル時代の「家族」のかたち』岩波書店.)

文献一覧　　171

Beck-Gernsheim, Elisabeth, 1983, "Vom 'Dasein für andere' zum Anspruch auf ein Stück 'eigenes Leben': Individualisierungsprozesse im weiblichen Lebenszusammenhang," *Soziale Welt*, 34(3): 307-40.

Beecher, Catharine E. and Harriet Beecher Stowe, 2002, *The American Woman's Home*, New Brunswick, New Jersey and London: Rutgers University Press.

Berger, Peter L. and Thomas Luckmann, 1966, *The Social Construction of Reality: A Treaties in the Sociology of Knowledge*, New York: Anchor Books.（山口節郎訳，1977，『日常世界の構成——アイデンティティと社会の弁証法』新曜社.）

Bonß, Wolfgang, Felicitas Esser, Joachim Hohl, Helga Pelizäus-Hoffmeister und Jens Zinn, 2004, "Biographische Sicherheit," Ulrich Beck Hg., *Entgrenzung und Entscheidung: Was ist neu an der Theorie reflexiver Modernisierung?*, Frankfurt am Main: Suhrkamp Verlag, 211-32.

Bourdieu, Pierre, 1977, *Algérie 60: Structures économiques et structures temporelles*, Paris: Éditions de minuit.（原山哲訳，1993，『資本主義のハビトゥス——アルジェリアの矛盾』藤原書店.）

————, 1990, "Time Perspectives of the Kabyle," John Hassard ed., *The Sociology of Time*, Basingstoke: Macmillan Publishers, 219-37.

Castells, Manuel, [1996] 2000, *The Rise of the Network Society*, 2nd ed., Malden: Blackwell Publishing.

Chang, Kyung-Sup, 2010, "Individualization without Individualism: Compressed Modernity and Obfuscated Family Crisis in East Asia," *Journal of Intimate and Public Spheres*, Pilot Issue, 23-39.

Christian, David, 2022, *Future Stories: What's Next?*, New York: Little, Brown Spark.（水谷淳・鍛原多惠子訳，2022，『「未来」とは何か——1秒先から宇宙の終わりまでを見通すビッグクエスチョン』ニューズピックス.）

Crosby, Alfred W., 1997, *The Measure of Reality: Quantification and Western Society 1250-1600*, Cambridge: Cambridge University Press.（小沢千重子訳，2003，『数量化革命——ヨーロッパ覇権をもたらした世界観の誕生』紀伊國屋書店.）

出口剛司，2011，「批判理論の展開と精神分析の刷新——個人の終焉から新しい個人主義へ」『社会学評論』61(4)：422-39.

土橋臣吾，2018，「ユビキタス／ビックデータの功罪——『わたし』という閉域，『みんな』の可視化」辻泉・南田勝也・土橋臣吾編『メディア社会論』有斐閣，131-47.

Dülmen, Richard van, 1997, *Die Entdeckung des Individuums: 1500-1800*, Frankfurt am Main: Fischer Verlag.

Durante, Massimo, 2022, "AI and Worldviews in the Age of Computational Power," Anthony Elliott ed., *The Routledge Social Science Handbook of AI*, London: Routledge, 251-65.

Durkheim, Émile, 1912, *Les formes élémentaires de la vie religieuse: Le système totémique en Australie*, Paris: Félix Alcan.（古野清人訳, 1941，『宗教生活の原初形態（上）』岩波書店.）

Eisenstadt, Shmuel Noah, 2000, "Multiple Modernities," *Daedalus*, 129(1)：1-29.

Eliade, Mircea, 1968, *Traité d'histoire des religions*, Paris: Payot.（久米博訳，1974，『エリアーデ著作集第3巻　聖なる空間と時間　宗教学概論 3』せりか書房.）

Elliott, Anthony, 2019, *The Culture of AI: Everyday Life and Digital Revolution*, London: Routledge.

————, 2022, *Contemporary Social Theory: An Introduction*, 3rd ed., London: Routledge.

Elliott, Anthony and Charles Lemert, 2009,*The New Individualism: The Emotional Costs of Globalization*, Revised Edition, London: Routledge.

Florida, Richard, 2011, *The Rise of the Creative Class: Revisited*, New York: Basic Books.（井口典夫訳，2014，『新クリエイティブ資本論——才能が経済と都市の主役となる』ダイヤモンド社.）

Foucault, Michel, 1975, *Surveiller et punir: Naissance de la prison*, Paris: Gallimard.（田村俶訳，1977，『監獄の誕生——監視と処罰』新潮社.）

Frederick, Christine, 1913, *The New Housekeeping: Efficiency Studies in Home Management*, New York: Doubleday Page & Co.

藤井啓司，2003，「革命と変動の時代——1789 年から 1830 年代まで」柴田翔編『はじめて学ぶドイツ文学史』ミネルヴァ書房，105-54.

藤井保文・尾原和啓，2019，『アフターデジタル——オフラインのない時代に生きる』日経 BP.

福原明雄，2020，「『リバタリアン』とはどういう意味か？」那須耕介・橋本努編著『ナッジ——自由でおせっかいなリバタリアン・パターナリズム』勁草書房，174-201.

福井憲彦，1986，『時間と習俗の社会史——生きられたフランス近代へ』新曜社.

Giddens, Anthony, 1990, *The Consequences of Modernity*, Cambridge: Polity Press.（松尾精文・小幡正敏訳，1993，『近代とはいかなる時代か？——モダニティの帰結』而立書房.）

————, 1991, *Modernity and Self-Identity: Self and Society in the Late Modern Age*, Cambridge: Polity Press.（秋吉美都・安藤太郎・筒井淳也訳，2005，『モダニティと自己アイデンティティ——後期近代における自己と社会』ハーベスト社.）

後藤宗明，2022，『自分のスキルをアップデートし続ける——リスキリング』日本能率協会マネジメントセンター.

Gratton, Linda, 2022, *Redesigning Work: How to Transform Your Organization and Make Hybrid Work for Everyone*, Cambridge: MIT Press.（池村千秋訳，2022，『リデザイン・ワーク——新しい働き方』東洋経済新報社.）

Gratton, Linda and Andrew Scott, 2016, *The 100-Year Life: Living and Working in an Age of Longevity*, London: Bloomsbury.（池村千秋訳，2016，『Life Shift』東洋経済新報社.）

Gurjewitsch, Aaron J., 1978, *Das Weltbild des mittelalterlichen Menschen*, München: C.H.Beck.

博報堂生活総合研究所編，2003，『生活予報 2003 非同期』博報堂.

Halbwachs, Maurice, 1950, *La mémoire collective*, Paris: Presses universitaires de France.（小関藤一郎訳，1989，『集合的記憶』行路社.）

浜日出夫，2007，「歴史と記憶」長谷川公一・浜日出夫・藤村正之・町村敬志『社会学』有斐閣，171-99.

————，2019，「歴史と記憶」長谷川公一・浜日出夫・藤村正之・町村敬志『社会学 新版』有斐閣，167-95.

濱口恵俊編，1979，『日本人にとってキャリアとは——人脈のなかの履歴』日本経済新聞社.

Hamilton, Clive, 2012, "Utopias in the Anthropocene," Plenary session of the American Sociological Association, (Retrieved December 31, 2023, https://mahb.stanford.edu/wp-content/uploads/2012/08/2012-Clive-Hamilton-Denver-ASA-Talk.pdf).

羽仁もと子，［1927a］1966a，『羽仁もと子著作集第2巻』婦人之友社.

————，［1927b］1966b，『羽仁もと子著作集第9巻』婦人之友社.

————，［1927c］1969，『羽仁もと子著作集第8巻』婦人之友社.

長谷川公一，2019，「組織とネットワーク」長谷川公一・浜日出夫・藤村正之・町村敬志『社会学 新版』有斐閣，103-36.

橋本毅彦，2001，「蒲鉾から羊羹へ——科学的管理法導入と日本人の時間規律」橋本毅彦・栗山茂久編『遅刻の誕生——近代日本における時間意識の形成』三元社，123-53.

————，2002，『＜標準＞の哲学——スタンダードテクノロジーの300年』講談社.

平田麻莉，2020，「はじめに」一般社団法人プロフェッショナル＆パラレルキャリア・フリーランス協会編『フリーランス白書2020』（2023年8月29日取得，https://blog.freelance-jp.org/wp-content/uploads/2020/06/2020_0612_hakusho.pdf）.

平田祥人・陳洛南・合原一幸，2023，『非線形時系列解析の基礎理論』東京大学出版会.

廣瀬涼，2023，『タイパの経済学』幻冬舎.

Hoffman, Eva, 2009, *Time*, London: Profile Books. （早川敦子監訳，2020，『時間』みすず書房.）

井口暁，2019，『ポスト3.11のリスク社会学——原発事故と放射線リスクはどのように語られたのか』ナカニシヤ出版.

石黒浩，2023，『アバターと共生する未来社会』集英社.

伊藤美登里，2001，「家庭領域への規律時間思想の浸透——羽仁もと

子を事例として」橋本毅彦・栗山茂久編『遅刻の誕生——近代日本における時間意識の形成』三元社, 189-209.

———, 2008, 『現代人と時間——もうみんな一緒ではいられない』学文社.

———, 2017, 『ウルリッヒ・ベックの社会理論——リスク社会を生きるということ』勁草書房.

———, 2021, 「情報社会における時間意識の変容に関する予備的考察」『人間関係学研究』22: 1-17.

———, 2024, 「モビリティーズとベック」吉原直樹ほか編『モビリティーズの社会学』有斐閣, 31-50.

JAPAN AI ラボ, 2023, 「生成 AI とは？従来の AI との違いやできることなどわかりやすく解説」, JAPAN AI 株式会社ホームページ, (2023 年 11 月 4 日取得, https://japan-ai.geniee.co.jp/media/basic/255/).

Jones, Jill and Claire Wallace, 1992, *Youth, Family and Citizenship*, New York: Open University Press.（宮本みち子監訳, 2002, 『第 2 版 若者はなぜ大人になれないのか——家族・国家・シティズンシップ』新評論.）

加治佐哲也, 2020, 「教師に ICT 活用力——兵庫教育大の改革構想」『日本経済新聞』2020 年 8 月 23 日朝刊.

片桐雅隆, 2017, 『不安定な自己の社会学——個人化のゆくえ』ミネルヴァ書房.

川村秀憲, 2023, 『ChatGPT の先に待っている世界』dZERO.

川島昭夫, 1987, 「暦の中の娯楽」川北稔編『「非労働時間」の生活史——英国風ライフ・スタイルの誕生』リブロポート, 5-32.

経済産業省, 2016, 「第四次産業革命をリードする日本の戦略（産業構造審議会中間整理）」, 経済産業省ホームページ, (2023 年 10 月 27 日取得, https://www.meti.go.jp/shingikai/sankoshin/shinsangyo_kozo/pdf/008_05_01.pdf).

———, 2020, 「2020 年度版ものづくり白書」, 経済産業省ホームページ, (2023 年 12 月 2 日取得, https://www.meti.go.jp/report/whitepaper/mono/2020/honbun_pdf/index.html).

———, 2023, 「未来の教室——越境学習による VUCA 時代の起

業人材育成」, 経済産業省ホームページ, (2023年12月2日取得, https://www.learning-innovation.go.jp/recurrent/).

Kinmonth, Earl, H., 1981, *The Self-Made Man in Meiji Japanese Thought: From Samurai to Salary Man*, California: University of California Press. (広田照幸ほか訳, 1995, 『立身出世の社会史——サムライからサラリーマンへ』玉川大学出版部.)

北野圭介, 2024, 『情報哲学入門』講談社.

小林雅一, 2020, 『仕事の未来——「ジョブ・オートメーション」の罠と「ギグ・エコノミー」の現実』講談社.

小林康夫, 1986, 「訳者あとがき」ジャン＝フランソワ・リオタール『ポスト・モダンの条件——知・社会・言語ゲーム』水声社. 221-9.

Kohli, Martin, 1985, "Die Institutionalisierung des Lebenslaufs: Historische Befunde und theoretische Argumente," *Kölner Zeitschrift für Soziologie und Sozialpsychologie*, 37(1): 1-29.

————, 1994, "Institutionalisierung und Individualisierung der Erwerbsbiograhie," Ulrich Beck und Elisabeth Beck-Gernsheim Hg., *Riskante Freiheiten: Individualisierung in modernen Gesellschaften*, Frankfurt am Main: Suhrkamp Verlag, 219-44.

国際連合広報センター, 2023, 「国連基金および計画, 調査訓練機関, その他の機関」, 国際連合広報センターホームページ, (2023年12月9日取得, https://www.unic.or.jp/info/un/unsystem/other_bodies/).

小坂井敏晶, 2020, 『増補 責任という虚構』筑摩書房.

厚生労働省, 2023a, 「年金制度の仕組みと考え方——第4 公的年金制度の歴史」, 厚生労働省ホームページ, (2023年10月9日取得, https://www.mhlw.go.jp/stf/nenkin_shikumi_04.html).

————, 2023b, 「海外の年金制度」, 厚生労働省ホームページ, (2023年8月18日取得, https://www.mhlw.go.jp/content/12500000/001089775.pdf).

————, 2023c, 「裁量労働制の概要」, 厚生労働省ホームページ, (2023年10月17日取得, https://www.mhlw.go.jp/stf/seisakunitsuite/bunya/koyou_roudou/roudoukijun/roudouzikan/sairyo.html).

Koselleck, Reinhart , 1989, *Vergangene Zukunft*, Frankfurt am Main: Suhrkamp Verlag.

黒田祥子, 2020, 「在宅勤務, 生活との境界課題」『日本経済新聞』 2020 年 3 月 19 日朝刊.

クロス・マーケティング, 2021, 「動画の倍速視聴に関する調査 (2021 年)」, クロス・マーケティングホームページ, (2023 年 12 月 1 日 取得, https://www.cross-m.co.jp/report/life/20210310baisoku/).

Lancers, 2021, 「新・フリーランス実態調査 2021-2022 年版」, Lancers ホームページ, (2023 年 10 月 8 日取得, https://speakerdeck. com/lancers_pr/xin-huriransushi-tai-diao-cha-2021- 2022nian-ban?slide=9).

Lash, Scott, 2002, *Critique of Information*, London: Sage Publications. (相田敏彦訳, 2006, 『情報批判論——情報社会における批 判理論は可能か』NTT 出版.)

Lash, Scott and John Urry, 1994, *Economies of Signs and Space*, California: Sage Publications. (安達智史監訳, 2018, 『フローと再 帰性の社会学——記号と空間の経済』晃洋書房.)

Le Goff, Jacques, 1960, "Au Moyen Âge: Temps de l'Église et temps du marchand," *Annales*, 15(3): 417-33. (新倉俊一訳, 1979, 「教会の時間と商人の時間」『思想』663: 40-59.)

Lessig, Lawrence, 1999, *Code and Other Laws of Cyberspace*, New York: Basic Books. (山形浩生・柏木亮二訳, 2001, 『CODE—— インターネットの合法・違法・プライバシー』翔泳社.)

Luhmann, Niklas, 1990, "Die Zukunft kann nicht beginnen: Die Temporalstrukturen der modernen Gesellschaft," Peter Sloterdijk Hg., *Von der Jahrhundertwende: Berichte zur Lage der Zukunft*, Bd. I, Frankfurt am Main: Suhrkamp, 119-50.

————, 1992, *Beobachtungen der Moderne*, Opladen: Westdeutscher Verlag. (馬場靖雄訳, 2003, 『近代の観察』法政大学出 版局.)

Lyotard, Jean-François, 1979, *La condition postmoderne: Rapport sur le savoir*, Paris: Le éditions de Minuit. (小林康夫訳, 1986, 『ポスト・モダンの条件——知・社会・言語ゲーム』水声社.)

町村敬志，2007，「格差と階層化」長谷川公一・浜日出夫・藤村正之・町村敬志『社会学』有斐閣，445-76.

真木悠介，1981，『時間の比較社会学』岩波書店.

Mannheim, Karl, [1929] 2015, *Ideologie und Utopie*, 9., um eine Einleitung erweiterte Aufl., Frankfurt am Main: Vittorio Klostermann.（高橋徹・徳永恂訳，1971，「イデオロギーとユートピア」高橋徹編『世界の名著56 マンハイム オルテガ』中央公論社，93-381.）

―――, 1940, *Man and Society in an Age of Reconstruction: Studies in Modern Social Structure*, London: Routledge.（福武直訳，1962，『変革期における人間と社会――現代社会構造の研究』みすず書房.）

正村俊之，2009，『グローバリゼーション――現代はいかなる時代なのか』有斐閣.

―――, 2020，「近代的自由のゆくえ――AI および IoT の社会哲学的研究に向けて」『人間生活文化研究』30: 1-20,（2020年10月26日取得，https://www.jstage.jst.go.jp/article/hcs/2020/30/2020_1/_pdf/-char/ja）.

松尾陽，2017，「はしがき」松尾陽編『アーキテクチャと法――法学のアーキテクチュアルな転回？』弘文堂，i-v.

Mead, George Herbert, 1934, *Mind, Self, and Society: From the Standpoint of a Social Behaviorist*, Chicago: University of Chicago Press.（稲葉三千男・滝沢正樹・中野収訳，2005，『復刻版 精神・自我・社会』青木書店.）

宮本みち子，2004，『ポスト青年期と親子戦略――大人になる意味と形の変容』勁草書房.

―――, 2016，「日本における成人期への移行モデルと若者政策――家族と仕事の変容から」『家族関係学』35: 5-15.

村田ひろ子，2020，「生き方・生活目標」NHK 放送文化研究所編『現代日本人の意識構造 第9版』NHK 出版，189-207.

村山恵一，2023，「AI と描く『雇用の未来』」『日本経済新聞』2023年12月21日朝刊.

内閣府，2019a，「経済財政白書」，内閣府ホームページ，（2023年8

月 14 日取得，https://www5.cao.go.jp/j-j/wp/wp-je19/index_pdf.html）.

————，2019b，「令和元年度 国民生活に関する世論調査 2 調査結果の概要 図 19-2」，内閣府ホームページ，（2023 年 11 月 4 日取得，https://survey.gov-online.go.jp/r01/r01-life/zh/z19-2.html）.

————，2020，「Society5.0」，内閣府ホームページ，（2020 年 10 月 28 日取得，https://www8.cao.go.jp/cstp/society5_0/index.html）.

————，2023a，「三位一体の労働市場改革の指針」，内閣府ホームページ，（2023 年 8 月 2 日取得，https://www.cas.go.jp/jp/seisaku/atarashii_sihonsyugi/pdf/roudousijou.pdf）.

————，2023b，「令和 4 年度 国民生活に関する世論調査 2 調査結果の概要」，内閣府ホームページ，（2023 年 11 月 4 日取得，https://survey.gov-online.go.jp/r04/r04-life/2.html#midashi19）.

————，2023c，「令和 5 年度 年次経済財政報告（経済財政政策担当大臣報告）――動き始めた物価と賃金」，内閣府ホームページ，（2023 年 9 月 6 日取得，https://www5.cao.go.jp/j-j/wp/wp-je23/index_pdf.html）.

内閣官房，2020，「防災・減災，国土強靱化のための 5 か年加速化対策」，内閣官房ホームページ，（2023 年 9 月 13 日取得，https://www.cas.go.jp/jp/seisaku/kokudo_kyoujinka/5kanenkasokuka/index.html）.

中村尚史，2001，「近代日本における鉄道と時間意識」橋本毅彦・栗山茂久編『遅刻の誕生――近代日本における時間意識の形成』三元社，17-45.

中尾悠里，2022，『AI と人間のジレンマ――ヒトと社会の関係を考える AI 時代の技術論』千倉書房.

中山茂，2019，『西洋占星術史――科学と魔術のあいだ』講談社.

成原慧，2017，「アーキテクチャの設計と自由の再構築」松尾陽編『アーキテクチャと法――法学のアーキテクチュアルな転回？』弘文堂，33-63.

那須耕介，2020，「ナッジ!?――強制と放任のあいだで」那須耕介・橋本努編著『ナッジ――自由でおせっかいなリバタリアン・パターナリズム』勁草書房，1-10.

日本の人事部, 2023, 「HR ペディア VUCA」, HR ビジョンホームページ, (2023 年 12 月 2 日取得, https://jinjibu.jp/keyword/detl/830/).

日本生産性本部, 2023, 「第 13 回 働く人の意識調査」, 日本生産性本部ホームページ, (2024 年 1 月 28 日取得, https://www.jpc-net.jp/research/detail/006527.html).

nikkeimatome, 2023, 「Netflix がブラックボックスだったほぼ全作品の視聴時間を公開——報酬還元額に不満を持つクリエーターに不信感, ストライキが転機に」, nikkeimatome ホームページ, (2023 年 12 月 14 日取得, https://nikkeimatome.com/?p=20006).

西垣通, 2023, 『超デジタル社会——DX, メタバースのゆくえ』岩波書店.

西本郁子, 2001, 「子供に時間厳守を教える」橋本毅彦・栗山茂久編『遅刻の誕生——近代日本における時間意識の形成』三元社, 157-87.

野村総合研究所, 2023, 「2022 年の日米欧のテレワーク状況と将来展望」, 野村総合研究所ホームページ, (2023 年 10 月 27 日取得, https://www.nri.com/jp/knowledge/report/lst/2023/cc/0228_1).

落合恵美子, 2019, 『21 世紀家族へ 第 4 版』有斐閣.

————, 2023, 『親密圏と公共圏の社会学——ケアの 20 世紀体制を超えて』有斐閣.

大前研一, 2023, 『第四の波——大前流「21 世紀型経済理論」』小学館.

大野道邦, 2010, 「集合的記憶」日本社会学会社会学事典刊行委員会編『社会学事典』丸善, 642-3.

大竹文雄, 2019, 『行動経済学の使い方』岩波書店.

大内伸哉, 2017, 『AI 時代の働き方と法——2035 年の労働法を考える』弘文堂.

————, 2019, 『会社員が消える——働き方の未来図』文藝春秋.

Pinker, Steven, 2018, *Enlightenment Now: The Case for Reason, Science, Humanism, and Progress*, New York: Viking. (橘明美・坂田雪子訳, 2023a, 『21 世紀の啓蒙——理性, 科学, ヒューマニズム, 進歩 上巻』草思社.)

————, 2018, *Enlightenment Now: The Case for Reason, Science,*

Humanism, and Progress, New York: Viking.（橘明美・坂田雪子訳，2023b，『21世紀の啓蒙——理性，科学，ヒューマニズム，進歩 下巻』草思社.）

Reckwitz, Andreas, 2019, *Das Ende der Illusionen: Politik, Ökonomie und Kultur in der Spätmoderne*, Berlin: Suhrkamp Verlag.（橋本紘樹・林英哉訳，2023，『幻想の終わりに——後期近代の政治・経済・文化』人文書院.）

リクルート，2022，「米国のフリーランス」，リクルートホームページ，（2023年8月29日取得，https://www.works-i.com/research/works-report/item/freelance_us.pdf）.

Rosa, Hartmut, 2005, *Beschleunigung: Die Veränderung der Zeitstrukturen in der Moderne*, Frankfurt am Main: Suhrkanp Verlag.（出口剛司監訳，2022，『加速する社会——近代における時間構造の変容』福村出版.）

西條辰義，2015，「はしがき」西條辰義編『フューチャー・デザイン——7世代先を見据えた社会』勁草書房，i-v.

西條辰義・宮田晃碩・松葉類，2021，「はじめに」西條辰義・宮田晃碩・松葉類編『フューチャー・デザインと哲学——世代を超えた対話』勁草書房，1-15.

笹原和俊，2021，「計算社会科学とは」鳥海不二夫編『計算社会科学入門』丸善出版，1-25.

佐藤麻貴，2021，「円環と直線の交点——わたしたちは現在をどう引き受けるのか」西條辰義・宮田晃碩・松葉類編『フューチャー・デザインと哲学——世代を超えた対話』勁草書房，69-95.

佐藤健生，1987，「ナチズムの特異性と比較可能性——西ドイツの『歴史家論争』」『思想』758: 74-90.

澤井敦，2004，『カール・マンハイム——時代を診断する亡命者』東信堂.

Scott, Andrew J. and Linda Gratton, 2020, *The New Long Life: A Framework for Flourishing in a Changing World*, London: Bloomsbury Publishing.（池田千秋訳，2021，『Life Shift 2——100年時代の行動戦略』東洋経済新報社.）

政府広報オンライン，2022，「18歳から"大人"に！成年年齢引下

げで変わること，変わらないこと。」，内閣府大臣官房政府広報室ホームページ，（2023 年 12 月 17 日取得，https://www.gov-online.go.jp/useful/article/201808/2.html#top）.

関水徹平，2011，「ひきこもり経験と『時間の動かなさ』——『語りの難破』に着目して」『社会学年誌』52: 67-84.

Sennett, Richard, 1998, *The Corrosion of Character: The Personal Consequences of Work in the New Capitalism*, New York: W. W. Norton & Company.（斎藤秀正訳，1999，『それでも資本主義についていくか——アメリカ型経営と個人の衝突』ダイヤモンド社.）

篠原雅武，2018，『人新世の哲学——思弁的実在論以後の「人間の条件」』人文書院.

総務省統計局，2023，「労働力率——長期時系列表 3（3）年齢階級（5歳階級）別就業者数及び就業率——全国」，総務省統計局ホームページ，（2023 年 10 月 9 日取得，https://view.officeapps.live.com/op/view.aspx?src=https%3A%2F%2Fwww.stat.go.jp%2Fdata%2Froudou%2Flongtime%2Fzuhyou%2Flt0303.xlsx&wdOrigin=BROWSELINK）.

草思社，2023，「21 世紀の啓蒙 話題の本 書籍案内 草思社」，草思社ホームページ，（2023 年 9 月 2 日取得，https://soshisha.com/book_wadai/47enlight/index.html）.

末木文美士，2020，「終末論と希望」村上陽一郎編『コロナ後の世界を生きる——私たちの提言』岩波書店，209-18.

Sunstein, Cass, 2020, *Behavioral Science and Public Policy*, Cambridge: Cambridge University Press.（吉良貴之訳，2021，『入門・行動科学と公共政策——ナッジからはじまる自由論と幸福論』勁草書房.）

鈴木淳，1999，『日本の近代 15 新技術の社会誌』中央公論新社.

鈴木謙介，2007，『ウェッブ社会の思想——〈偏在する私〉をどう生きるか』日本放送出版協会.

竹内洋，1995，『日本のメリトクラシー——構造と心性』東京大学出版会.

Thaler, Richard H., and Cass R. Sunstein, 2008, *Nudge: Improving Decisions about Health, Wealth, and Happiness*, New Haven:

Yale University Press.（遠藤真美訳，2009，『実践行動経済学』日経BP.）

Thompson, Edward P., 1967, "Time, Work-discipline, and Industrial Capitalism," *Past and Present*, 38：56-97.

統計数理研究所，2016，「第13次調査の結果のポイント」，統計数理研究所ホームページ，（2023年11月12日取得，https://www.ism.ac.jp/kokuminsei/page2/index.html）.

鳥海不二夫，2021，「はじめに」鳥海不二夫編『計算社会科学入門』丸善，i-v.

TOYOTA，2023，「環境整備・両立支援に関する行動計画」，TOYOTAホームページ，（2023年10月3日取得，https://global.toyota/jp/sustainability/esg/employees/diversity-and-inclusion/#next-generation）.

角山栄，1984，『時計の社会史』中央公論社.

―――，1998，『時間革命』新書館.

鶴光太郎，2010，「企業の視点からみた有期雇用の増大――その背景，影響及び対応について」『組織科学』44(2)：4-15，（2024年1月8日取得，https://www.jstage.jst.go.jp/article/soshikikagaku/44/2/44_20220820-63/_pdf）.

Uber，2023，「配達する」，Uberホームページ，（2023年8月15日取得，https://www.uber.com/jp/ja/deliver/）.

内田星美，2001，「明治時代における時計の普及」橋本毅彦・栗山茂久編『遅刻の誕生――近代日本における時間意識の形成』三元社，267-88.

内山節，1993，『時間についての12章――哲学における時間の問題』岩波書店.

Urry, John, 2000, *Sociology beyond Societies: Mobilities for the Twenty-First Century*, London: Routledge.（吉原直樹監訳，2011，『社会を越える社会学――移動・環境・シチズンシップ 新装版』法政大学出版局.）

―――，2003，*Global Complexity*, Cambridge: Polity Press.（吉原直樹監訳，2014，『グローバルな複雑性』法政大学出版局.）

―――，2016，*What is the Future?*, Cambridge: Polity Press.（吉

原直樹・高橋雅也・大塚彩美訳，2019，『〈未来像〉の未来——未来の予測と創造の社会学』作品社.）

Vierhaus, Rudolf, 1972, "Bildung," Otto Brunner, Werner Conze und Reinhart Koselleck Hg., *Geschichtliche Grundbegriffe*, Bd.1, Stuttgart: Ernst Klett Verlag, 508-51.

Virilio, Paul, 1996, *Cybermonde: La politique du pire entretiens avec Philippe Petit*, Paris: Editions textuel.（本間邦雄訳，1998，『電脳世界——最悪のシナリオへの対応』産業図書.）

若林幹夫，2010，『〈時と場〉の変容——「サイバー都市」は存在するか？』NTT 出版.

―――，2014，『未来の社会学』河出書房新社.

―――，2022，『ノスタルジアとユートピア』岩波書店.

Weber, Jutta and Bianca Prietl, 2022, "AI in an Age of Technoscience: On the Rise of Data-Driven AI and its Epistem-ontological Foundation," Anthony Elliott ed., *The Routledge Social Science Handbook of AI*, London: Routledge, 58-73.

Weber, Max, 1920, *Gesammelte Aufsätze zur Religionssoziologie*, Bd. 1, Tübingen: J. C. B. Mohr.（安藤英治訳者代表，1988，『ウェーバー 新装版 宗教・社会論集』河出書房新社.）

―――，1956, *Wirtschaft und Gesellschaft: Grundriß der verstehenden Soziologie*, 4., neu herausgegebene Aufl., Tübingen: Siebeck.（世良晃志郎訳，1962，『支配の社会学 II』創文社.）

Williams-Rutherford, Janice, 2003, *Selling Mrs. Consumer: Christine Frederick and the Rise of Household Efficiency*, Athens: The University of Georgia Press.

山本龍彦，2017，「個人化される環境——『超個人主義』の逆襲？」松尾陽編『アーキテクチャと法——法学のアーキテクチュアルな転回？』弘文堂，65-92.

―――，2023，『〈超個人主義〉の逆説——AI 社会への憲法的警句』弘文堂.

柳川範之，2023，「終身雇用制の功罪（中）——一人ひとりの能力向上優先」『日本経済新聞』2023 年 8 月 29 日朝刊.

吉原直樹，2002，『都市とモダニティの理論』東京大学出版会.

―――, 2004, 『時間と空間で読む近代の物語――戦後社会の水脈をさぐる』有斐閣.

―――, 2019, 『コミュニティと都市の未来――新しい共生の作法』筑摩書房.

―――, 2022, 『モビリティーズ・スタディーズ――体系的理解のために』ミネルヴァ書房.

吉見俊哉, 2004, 『メディア文化論――メディアを学ぶ人のための15話』有斐閣.

Zuboff, Shoshana, 2019, *The Age of Surveillance Capitalism: The Fight for a Human Future at the New Frontier of Power*, New York: Profile Books.（野中香方子訳, 2021, 『監視資本主義――人類の未来を賭けた戦い』東洋経済新報社.）

・あとがき・

「いつからこの本を書き始めたのですか」と尋ねられ，返答に困ったことがあった。今回も答えに困るパターンだ。きっかけはいくつかあった。一つ目は，人工知能やロボットが社会学（理論）の研究テーマとして面白い題材だと片桐雅隆先生からご助言いただいたことだ。実際，調べていくうちに，人工知能やロボットは社会学の従来の基礎概念に再考をうながすようなインパクトをもつものであることが分かり，興味を抱いた。自分なりにどのような切り口がありうるのかと思案しているところに，コロナ禍でオンライン授業がはじまった。オンライン化された世界をまさに身をもって体験し，それが紀要論文「情報社会における時間意識の変容に関する予備的考察」の執筆に向かわせた。本書は，この論文の大幅加筆修正によって出来上がった部分もかなりあり，オンライン授業はきっかけの二つ目といえよう。しかし，論文執筆の時点では，本の執筆は筆者にとってリアリティをもたなかった。三つ目のきっかけは，訳者の一人である鳥越信吾先生からいただいたハルトムート・ローザ著『加速する社会』（福村出版）を拝読したことである。その時，最後のピースが見つかった気がして，時間をテーマに近年の情報技術の進展があたえるインパクトについて一冊の本が書けるのではないかと考えるに至った。この三つがおそらく主なきっかけであるが，これ以外にも，吉原直樹先生からも研究会での議論やご高著で時間についても多くを学んだ。そういった先生方

との知的交流のなかで本書は誕生した。謝意を表したい。

　最後に，出版事情の極めて厳しいなか，学文社の皆様には大変お世話になりました。心より感謝申し上げます。

　2024 年　春

伊藤　美登里

・索　引・

・あ 行

IT革命　46, 47, 49
アーキテクチャ　80, 81, 131, 133, 136, 137, 160, 168
圧縮可能な時間　126, 128
アテンション・エコノミー　142, 143, 167
アバター　54
新たな中産階級　87, 88
一元的な過去　112, 114, 152

意味論　111, 153, 154, 159, 165, 166
引退期　42, 65, 68, 69, 90

円環としての時間　19

大きな物語　82, 94, 95, 120, 121, 123

・か 行

科学的管理法　32-34
加工可能な時間　124-126, 143
仮想空間　54, 114, 142, 149-151
仮想空間における時間　140
活動期　42, 65, 67, 90

ギグワーク　56, 62
来るべき現在　92, 93, 96, 98, 101
近代的個人　39

クラウドソーシング　58-59

経験のパーソナル化　133
現在的未来　92, 93, 95, 163
見当識　81, 157-160, 162, 165, 166, 168

後期近代　11
交渉し取り決める時間　145
個人の尊重原理　135, 136
古典的近代　11, 12

・さ 行

再帰的な近代化　100
時間厳守　24-26, 30
時間操作ゲームのプレイヤー　75-78, 90, 146
時間なき時間　124, 125, 127, 149
時間の圧縮　126, 127
時間の空間からの分離　31, 32
時間のコラージュ　125, 143
時間の時間化　74, 75, 90, 109, 118, 130
時間の約束　26
時間割　34, 64, 155, 159
時系列的な因果関係　102, 119
失見当識　158, 159
質としての時間　15, 18, 141
集合的記憶　109, 110, 112, 113
終末論　21, 161
瞬間的時間　144
準主体　79, 80
準備期　42, 63, 65, 67, 90
情報のパーソナル化　133, 148
ジョブ型の働き方　54
自律的個人　9, 10, 39, 43, 72, 165
人工知能　48, 49, 54, 56, 57, 59, 63, 81, 131-133, 138, 142, 148-151, 156, 159, 160, 166, 167
進歩　36-38, 75, 86-91, 104-109, 111, 116, 122, 123, 153, 154, 159, 162, 163, 165, 168

進歩観　123
生成系人工知能　49, 132
静的な近似　18
制度としての未来　107, 108
絶対時間　7, 128, 147
絶対的尺度　78, 80, 142, 146, 148, 151,
　154-157, 165, 166

・た　行

第三次産業革命　46
タイム・アポイントメント　26
第四次産業革命　47, 48, 50, 53, 56
脱時間化された状況的アイデンティ
　ティ　72, 80
脱未来化　93
短期主義化　138-140

小さな物語　82, 120, 121
直線としての時間　15, 35, 127, 131,
　153, 157, 159
定時法　16, 23, 24, 26, 27, 31
データサイエンス　103, 156, 167
データベース・モデル　81, 83, 84, 152
データベース消費　120
デジタル・トランスフォーメンショ
　ン　52, 149
テレワーク　13, 53-56, 62, 64

独自性　85-88

・な　行

ナッジ　55, 80, 81, 131-133, 138, 159,
　160
日本型雇用　50, 51

・は　行

バタフライ効果　102

非線形　100-103, 129
非知　96-99
ビックデータ　48, 136, 148
批判理論　164
標準時　28-32, 156
開かれた未来　35, 92, 93

不安定な階級　88, 89
VUCA　99
副次的帰結　100, 106, 168
不定時法　16, 17, 23, 24
フューチャー・デザイン　161, 162
フリーランス　57, 58
古くからの中産階級　87, 88
プロファイリング　135, 136

・ま　行

マルチステージ　61, 62, 69, 70, 159

未来の植民地化　97-99
未来の投企　116, 117

メタバース　150

目的論的線分としての時間　19
モノのインターネット　48-50

・や　行

約束厳守の時間　145

ユートピア　36, 37, 93-95, 118, 122,
　157, 159, 163, 164, 168

・ら　行

ライフコースの時間化　40, 43
ライフコースの脱時間化　66, 71, 90

リスキリング　52, 63, 65

量としての時間　15, 22, 140, 142-144, 154

歴史の脱時間化　118
レトロトピア　89, 104, 163

労働時間と自由時間の区別　155, 159, 160
労働時間と自由時間の分離　27, 64
ロボット　13, 48, 49, 54, 56, 89

著者プロフィール

伊藤美登里

1965年　山口県生まれ
早稲田大学大学院文学研究科単位取得後退学。博士（文学）
現　　在：大妻女子大学人間関係学部教授
主要著書：『現代人と時間』（学文社，2008年）
　　　　　『ウルリッヒ・ベックの社会理論』（勁草書房，2017年）
　　　　　『モビリティーズの社会学』（共著，有斐閣，2024年）
　　　　　　　　　　　　　　　　　　　　　　　　　　など

デジタル社会と時間

2024年9月20日　第1版第1刷発行

　　　　著　者　伊　藤　美　登　里

　　　　発行者　田　中　千　津　子

発行所　株式会社　学　文　社
〒153-0064 東京都目黒区下目黒 3-6-1
電話03(3715)1501代・振替00130-9-98842

（落丁・乱丁の場合は本社でお取替します）・検印省略
（定価はカバーに表示してあります）　印刷／新灯印刷
ISBN 978-4-7620-3378-0